ある刑法学者の旅路

森下忠 著

成文堂

はしがき

「因幡《いなば》の白兎」の神話で広く知られている因幡の国（鳥取県の東部）の白兎海岸から二〇キロほど東にある平凡な農村、そこが、私の生まれた故郷です。

私は、その農村の貧しい農家に、五人きょうだいの三番目（次男）として生まれました。それは、一九二三年（大正一二年）クリスマスのころです。当時は、数え年による年齢計算（生まれるとすぐ、一歳）が社会習慣であったので、父は、翌年一月一日生まれとして村役場に届け出ました。そのような次第で、私は、二〇一四年元旦、名実ともに九〇歳を迎えたことになります。

私が五歳の時、母が病のため、三二歳の若さで、五人の子どもを残して帰らぬ人となりました。これが、私にとって波乱に満ちた人生の最初の出来事となりました。本書の中の「生い立ち」の章で、そのことが述べられています。

小学校五年生の終わりまで、思い出多い、この故郷で過ごしました。それは、小学唱歌「ふるさと」にありますように、〝兎追いしあの山　小ぶな釣りしあの川」の歌詞がそのまま当てはまる〝ふるさと〟でした。

その後の、私の人生の歩みについては、本書で綴ったとおりです。因幡の国で生まれ育った私は、純朴で正直な県民性を受け継いだのでした。

本書の第一部「愚直一筋」は、かって「判例時報」誌に同じ題で連載したものに、今回、若干の加筆をほどこしたものです。この連載は、私が傘寿（八〇歳）を迎えた折、六回にわたって書いたものです。実は、法律雑誌にこのような私的回顧談のようなものを載せることは雑誌の性格に合わないので、内心忸怩たるものがあったのです。しかし、この連載については、多くの読者から温かい感想が寄せられました。そして、「これに加筆したものを自叙伝として出版してください」という、ありがたい励ましの言葉までいただきました。

「愚直」とは、国語辞典によれば、〝バカ正直〟のことと解説されています。私は、それを承知の上で、〝愚直な、貧乏百姓のせがれだ〟ということを自覚しながら、この連載を続けたのです。そして、本書第二部は、やはり「判例時報」誌に前記「愚直一筋」から六年後に、「愚直、わが道をゆく」という題で、連載したものに若干の加筆をしたものです。

ところで、最近、詩聖ダンテ（Dante）の『神曲』煉獄篇（寿岳文章訳）を読んでみると、第三歌の箇所で、「愚直」という言葉が出てきます。語学道楽の傾向のある私は、「愚直」はイタリア語でどのように言うのであろうかという思いから、イタリア語の辞典をひもといてみました。『神曲』煉獄篇（Purgatorio）には、「愚直」には‘semplici’という言葉が用いられており、和伊中辞典によれば、‘semplice e onesto’、つまり、〃純朴で正直〃という語が相当するとのことです。「愚直」が〃純朴で正直〃を意味するとは、なんと素敵なことか！　と私は、心から喜びを感じました。もちろん、読者の方々が「愚直」を〃バカ正直〃と受け取られるのは、ご自由です。

ともあれ、私は、多くの人のお勧めに従って、九〇歳（卒寿）を迎えるにあたり、自叙伝を出版することにしました。その中で、第一部「愚直一筋」と第二部「愚直、わが道をゆく」は、ただひたすら愚直な人生を歩んできた私の旅路を綴ったものです。

第三部「学究の道」は、全く思いもかけず学究の道を歩んだ一刑法学者としての私の旅路を綴ったものです。戦後の食うや食わずの生活難の時代に、新制の田舎大学でひたすらコツコツと学究の道を歩んで以来の、貧乏学者の物語です。

私は、一九五〇年に京都大学（旧制）を卒業して大学院生になったのですが、指導教授である滝川幸辰《ゆきとき》先生はじめ先輩らから「森下は、アタマが悪い。語学ができない」とさんざん言われました。いま、それを話しても、「ご冗談でしょう」と言われるばかりです。私は、戦前に参禅していた禅寺の和尚から訓《おし》えられた言葉、「毀誉褒貶《きよほうへん》は他の評に任《まか》す」（褒《ほ》められようと悪口を言われようと、言う者には言わせておけ）を心の底にたたみ込んでいたのです。

私は、未知の世界、特に外国語について、もの好きというか道楽というか、興味がありました。

それは、私が入学した神戸市立第一神港商業の校訓の三番目として「世界は我が活動場なり」が掲げられており、生徒らは「世界に雄飛せよ」と教えられたことが大きな原因になっているように思われます。学校の所在する会下山《えげやま》から見おろす瀬戸の海には、毎日、大型の外国船が往き来していました。それらの外国船を眺めながら、私は、はるかかなたのアメリカ、ヨーロッパなどの国ぐにに思いを馳せて、「いつの日にか、訪れてみたい」という夢をいだいていたのです。

本書の第四部「戦前の京大事件と戦後の京大事件」には、自叙伝というものの枠をはみ出した箇所があるかと思います。ご承知のように、戦前の京大事件（昭和八年、一九三三年）は、滝川事件とも呼ばれているように、滝川幸辰教授に係る事件でした。その滝川教授が戦後、京大に復帰されて法学部長、そして総長になられたのです。

滝川先生は、多忙な公務の合間に、あたかも息抜きをするかのように法学部研究棟の〝刑法研究室〟に来られて、吉川《キッカワ》経夫助手（のち、法政大学教授）、桂静子（のち、木村静子。京大助教授）、諏訪敏子（のち、吉川敏子）、そして私ら、学者の卵たちに、四方山の話をされました（本書では、それを〝滝川談話〟と書いています）。

滝川談話の中には、戦前の京大事件の裏事情や、戦後、いわゆる残留組、復帰組と呼ばれた諸先生にかかわる裏事情などを、まさに歯に絹を着せぬがごとく語られたことが含まれています。その一端は、本書中に記述されています。しかし、関係のある方々がすでに鬼籍に入られた今日、唯一の生き残りともいうべき私がそれらの諸事情を活字にすることは思いとどめるべきでありましょう。それらのことは、本書では述べられていません。

このような次第で、第四部には自叙伝なるものから少しはみ出した記述があろうかと思いますが、それは、「学問の自由」「大学の自治」について考える一つの貴重な資料になるであろうと思われます。これも、〝ある刑法学者の旅路〟の一駒として、なにかのご参考になれば、ありがたいことです。

本書が、読者の皆さんの心にいささかでも響くものがあれば、望外の幸いです。

本書を刊行するに当たっては、成文堂の阿部耕一社長の温かいご配慮にあずかり、また、同社編集部の飯村晃弘氏の一方ならぬご協力を受けました。心から、厚くお礼を申しあげます。

二〇一四年一月吉日

森　下　　忠

目　次

目次

第一部　愚直一筋

第一章　生いたち、小学校の恩師

1　傘寿を迎えて

今年（二〇〇四年）元旦、満八〇歳になった。「元日生まれとは、めでたいですね」と言う人がいるが、実は、私は、一九二三年（大正12）のクリスマスのころに生まれた。「正月の一週間ほど前に生まれた」と聞いているだけであって、クリスマス当日に生まれたという確証はない。

当時は、数え年で年齢を言う社会習慣であったので、父が、元日生まれとして村役場に出生届をしたのである。今のように満年齢で言うようになったのは、戦後のことである。今では、「数え年」といっても訳が分らない人が少なくない。数え年といえば、生まれたらすぐ一歳とされ、お正月が来たらその度ごとに一歳、年齢が加算されるという数え方である。私の例でいえば、お正月が来たら「二歳になった」と言われることになる。それゆえ、「数え年」は、不合理な年齢計算の社会習慣であった。

（あとがき）「森下さん、わたしも戸籍上、元旦生まれです」という人に出会うことがある。かつて私が広島大学法学部に勤務していた時、同じ大学の同僚である中川淳君（民法の教授）と筑間正泰君（刑事訴訟法の教授）も、私と同じく戸籍上の元旦生まれだということが分かり、「元旦生まれの三人男だなァ」と快笑したことがある。

2　生家

生まれたのは、鳥取県岩美郡本庄村（現在は岩美町）本庄。鳥取市から東へ約一六キロ。生家から一キロ余り南側の山すそを山陰本線が通っていて、それに並行するかのように国道九号線がある。蒸気機関車（SL）が、ピーと警笛を鳴らしながら、一時間に一本くらいの割合いで走っていた。田畑で働く村人たちは、「○時の上りの汽車だ」とか言っていた。

生家は、自作（＊）と小作（＊）の半々の百姓（農家）であった。私は、五人きょうだいの三番目の次男。下に妹が二人いた。祖父母を含めて九人家族。そのほか牛（農耕に使った）と豚がいた。これだけの家族をかかえて家事をし、農作業にも精を出した母は、早朝から夜遅くまでキリキリ舞いの忙しさであったであろう。

＊　自作とは、自己所有の土地を自分で耕作することをいう。小作とは、他人（地主）の土地を借りて耕作をすることをいい、小作料は、収獲した米麦の約半分が通常であった。

3　母の死

私が五歳の時、わが家に悲劇が訪れた。母が、三二歳の若さで、五人の子を残してあの世へと旅立ったのである。ちょうど、「猫の手も借りたい」と言われるほど大多忙の田植えの時期であった。死因は、当時、流行したと伝えられる腸チフスであった。現在では、腸チフスは全く珍しい病気といわれているが、健康で働き者の母も、病いには勝てなかった。村には医院が一つあったが、戦前は健康保険の制度はなく、医療費は全額が自己負担であった。そのため、現金収入の乏しい農家の者は、病状がよほどひどくなった場合にだけ医者にかかるのが、常であった。そのような事情もあって、医者にかかるのが遅かったのか、母は、ついに帰えらぬ人となった。生後六か月の乳飲み子を含む五人の子を残して逝くことは、母にとって、心を引き裂かれるような萬斛《ばんこく》の思いであったに違いない。

亡き母の写真

　生前の母の、名刺型の写真一枚が、今、私の手許に残っている。後年、軍隊に入る際、「どうせ生きて帰れない。死ぬなら母と一緒に」と思って持参したものである。後述するように、私は小学校六年生の時から神戸に出たのであるが、その住居は、一九四五年三月一七日の神戸大空襲によって灰燼に帰した。家族は命からがら山手に逃げて助かったが、それ以外はすべて米軍のB29爆撃機による無差別攻撃のぎせいになった。復員後、聞いたところによれば、わが家のあった付近には、逃げ遅れて火災に遭い、黒こげになった人の骨が、いくつも転がっていたそうである。そのような訳で、母の思い出となる品は、写真一枚だけである。

母の死後、私たち五人の子は、祖母に育てられた。しかし、母のいない家庭は、さびしかった。愛情飢餓とでも言うべきか、心の底にポッカリ穴があいた思いがあった。尋常小学校に入学して、友だちには皆、お母さんがいるのに、「おれには、お母さんがいない！」という悲しみの気持ちをいつも抱《いだ》き続けた。

そのころであったろうか。祖母が私に話してくれた事がある。それは、母が息を引き取る前に、「忠《ただし》に着せる着物を縫って、箪笥《たんす》に入れてあるから、それを忠に着せてやってください」と言ったとのことである。

それを聞いて、私は、「お母さん！　お母さん！」と泣きくずれた。昔はミシンなどなく、仮にあったとしても、貧乏な農家でそのような高価な機械を買えるはずがなかった。どこの家でも、着物を手縫いで縫ってそれを家族に着せるのが、主婦の努めであった。努めといっても、乳飲み児をかかえ、大家族の食事から洗濯も引き受け、その上、少しでも農作業の手伝いをすることは、身体が二つあっても足りないほどの忙しさであったであろう。家族の着物を一針一針と縫う仕事は、皆が寝床に入ってからしたのであろう。そのような無理がたたって、母は、病魔に侵されることになったのではなかろうか。

それを思うと、涙が出て、出て……止まらなかった。このことの思い出が、八〇歳になった今も、よみがえることがある。そのような次第で、一九四五年一月、陸軍の船舶幹部候補隊（香川県三豊郡豊浜町）に入隊する際、「どうせ、戦死は免れない。死ぬ時は母と共に……」と思って、母の写真一枚を胸のポケットに納めていたのである。

4　村の小学校

村の小学校（本庄小学校）は、わが家から約四キロ東にあった。兄、姉や友だちと毎日、歩いて通学した。雨の日には、はだし（裸足）で通学することもあった。ゴムぐつを買ってもらえなかったからである。でも、恥かしくはなかった。雨の日にはだし通学をする者は、ほかにもいたからである。

冬は、雪が一メートルほど積もった。村人が雪かきをして道路中央を歩けるようにしてくれた。吹雪の日には、村人たちが子どもたちを両側からはさむようにして、時には（吹雪に吹き飛ばされないように）綱でつないで、学校まで連れて行ってくれた。当時は、尋常小学校の六年間が義務教育とされていたのであるが、その義務教育を受けさせることは親だけでなく、村人全員の努めだという雰囲気があったように思われる。それだからこそ、吹雪の日には、村人が協力し合って子どもたちを学校まで連れて行ってくれたのである。

こうして、小学校五年間、皆勤した。今日では、温暖化のためか、雪も少なくなった。この通学路（村外れからは、国道九号線）は舗装され、道路沿いには家が建っている。そして、どの農家にも洗濯機、冷蔵庫、テレビが置かれるようになった。七〇年前のことは、昔話となった。

昔のこととはいえ、眼をつぶると、今でも懐しい本庄小学校とそこでの学校生活のことが想い出される。

小学校一年生と二年生の時の担任は、久保春枝先生という若くてやさしい先生であった。母と死別した私は、久保先生を母親のように慕い、時には母親のように甘えた。明るくてやさしい久保先生は、全校児童から慕われていた。

ところが、私が二年生の終りのころ、「久保先生が鳥取市の学校に移られる」との、衝撃的なうわさが校内に流れた。うわさは、本当の事であった。お別れの日、全校児童は、講堂に集められた。校長先生が、「このたび久保先生は、鳥取の学校に移られることになりました」と紹介した。そのあと、壇上に上がられた久保先生が、涙ながら「わたくしは、皆さんとお別れすることになりました」と言われたとたん、全校児童が一斉にわーッと泣き出した。その泣き声は、講堂いっぱいに満ちて、いつまでも続いた。壇上の久保先生も、校長先生、そのほかの先生方も、ハンカチで眼がしらを押えておられた。

これは、七〇数年前、山陰の一寒村の小学校であった話である。母とも慕う久保先生とお別れした後、私の心にはポッカリと穴があいたような淋しさが残った。

5 杖朝

さて、八〇歳は、中国では「杖朝《じょうちょう》」と言われている。これは、『禮記《らいき》』（1）に、「五十にして家に杖《つえ》し、六十にして郷《ごう》に杖し、七十にして国に杖し、八十にして朝（廷）に杖す」とあることに由来する。「朝に杖す」とは、朝廷の中で杖をつくことを許される、という意味である（＊）。

＊ このように書くと、「森下先生は、漢学の素養があるなァ。大したものだ」と思われる人がいるかも知れない。実は、親友である、高名な作家陳舜臣君（神戸生まれの、神戸育ち）が八〇歳になったときの年賀状に添えられた文章から学んだのである。

（1） 禮記《らいき》は、五経の一つ。周の末から秦・漢の時代の儒者の、禮に関する理論と実際の記録とを集めた書である。

6 鳥取の傘踊り

わが国では、八〇歳は「仐寿《さんじゅ》」と呼ばれている。「傘」の略字である「仐」が八と十とから成る

鳥取の傘踊り　鳥取市 石田憲太郎氏　撮影

からである。

傘と言えば、山陰育ちの身には格別の思いがある。「弁当忘れても傘を忘れるな」と言い伝えられているように、雨が多いからである。

鳥取には、有名な「傘踊り」と呼ばれる華麗な民間芸能の祭りがある。江戸時代、因幡《いなば》地方（鳥取県の東半分の地方）に大旱魃が続いた時、村の古老が雨乞いの傘踊りをしたところ、慈みの雨に恵まれた。しかし、古老は、過労のため、帰えらぬ人となった。以後、古老の霊を慰めるために傘踊りが受け継がれた、と言い伝えられている。

傘踊りは、一きわ大きな花傘の先に約五〇個の鈴を飾りつけ、はっぴ姿のおよそ四千人の踊り子が、しゃんしゃんと鈴の音を響かせながら、鳥取市の中心街を練り歩く。これが、鳥取名物の、お盆の八月一六日に行われる「しゃんしゃん祭り」

である。この壮観・華麗な踊りを見るべくやって来た数万人の観光客も、地元の人たちと一緒になって熱気に包まれる。

私が生まれた農村でも、〝上《かみ》の衆〟と呼ばれた山村の若者たちがお盆の日にくり出して来て、この傘踊りをしてくれた。それは、ありがたいお盆供養でもあったし、村人にとっては楽しいお祭り行事でもあった。

7　鳥取城の城攻め

鳥取の市街地近くに美しい山容を見せる久松山《きゅうしょうざん》の麓に鳥取城があった。ここは、一五四五年の築城にかかるが、一五八一年（天正九年）、羽柴秀吉（のち、豊臣秀吉）による兵糧攻めにより、城主吉川《キッカワ》経家が切腹して降伏した悲劇の城である。今は、桜の美しい公園になっている。

この城攻めは、戦国時代における最も悲劇的なものであった。城攻めの上手な秀吉は、城を包囲すると共に、巧みな戦術を用いた。「北陸地方が飢饉に見舞われた」と言いふらして、鳥取近辺から米を通常相場の二倍で買い集めた。鳥取城内にあった米の一部は、資金かせぎにと秘かに持ち出されて、二倍の高値で売却された。そのため、城内に貯えていた米は減り、城内にいる侍やその家族は、食べる物に事欠いて、城中にいた鼠《ねずみ》まで食べた、と伝えられる。それでも、城主らは、毛利（今の山口県の毛利藩）の援軍を待ち続けた。しかし、援軍は、ついに来なかった。城中で餓死する者が増えるにつれて、ついに城主吉川経家は、切腹と引き替えに家臣ら一同を助命するとの、秀吉の申し出を信じて、城を明け渡した。

これが、戦国時代の歴史に残る最も悲劇的な鳥取城の城攻めであった。飢餓に堪えに堪えて、毛利の援軍を待ち続けて最後まで籠城した武士たちは、まことに愚直一徹とも言うべき鳥取人の典型であった。

8　ふるさと　鳥取県

鳥取県は、因幡《いなば》の国（県の東半分）と伯耆《ほうき》の国（県の西半分）とに分かれていた。因幡の国は、「因幡の白兎」の神話によって広く知られている。今では、鳥取砂丘が、観光名所となっている。鳥取県は、「民芸の宝庫」と言われている。鳥取市内を流れる千代川《せんだい》の上流では、子どもの健《すこ》やかな成長を祈って雛祭りの日に行われる「流し雛」のゆかしい風習が、今も受け継がれている。当今では、この「流し雛」の様子は、テレビで全国放映されている。

鳥取県の人口は、昔も今も約六〇万人。日本一の貧乏県である。県民性は、質実で、朴訥《ぼくとつ》。正直の上に「馬」と「鹿」の二字が付く。カネもうけは下手。人を押しのけてでも立身出世しようという気持ちはない。ちなみに、鳥取県は、「一番幸せな県　幸福度ランキング」では、全国第四位となっている。

「ふるさと」の歌碑　鳥取県庁ホームページより

鳥取市の久松山の麓には、高野辰之作詞・岡野貞一作曲にかかる童謡「ふるさと」の五線譜入りの歌碑が建っている。

ふるさと

うさぎ（兎）追いし　かの山
小ぶな釣りし　かの川
夢は今も　めぐりて
忘れがたき　ふるさと

いかにいます　父母
つつがなしや　友がき（友垣）
雨に風に　つけても
思いいずる　ふるさと

こころざしを　はたして
いつの日にか　帰らん
山は青き　ふるさと
水は清き　ふるさと

この童謡は、長野県永江村（現、中野市）出身の高野辰之（国文学者、作詞家）が、少年の日に友だちと野山で遊んだ情景を懐かしんで作詞したものを、鳥取市出身の岡野貞一が幼いころをなつかしく追憶して作曲したものである。この歌を聞くたび、ふるさとを遠く離れてなお絶ちがたい懐旧の念が、傘寿を迎えた私の胸によみがえってくる。私も、兄や友だちと一緒に小川で鱼釣りをした。雪の季節になれば、兎狩りをするべく、山に行ってわなを掛けた。

戦後、南方戦線から運良く帰還した元兵士から、次の話を聞いた。

それは、「明日は総攻撃」という日の夜、兵士たちは、故郷や肉親のことなどを偲びながら、童謡「ふるさと」を合唱したということである。総攻撃は、「総員玉砕」を意味した。それを覚悟した兵士らは、涙を浮かべながら、それぞれの故郷や家族のことを想いながら、童謡「ふるさと」を歌ったのである。このように、「ふるさと」の歌詞と曲には、日本人すべての心の琴線にひびくものがある。

母の実家は、山陰海岸国立公園の絶景「浦富海岸《うらどめ》」に近い村にある農家であった。この海岸は、浪と風によって侵蝕されて自然が彫刻した奇岩、洞門、断崖絶壁が点在し、その幽玄な美しさのゆえに神秘の霊境とされている。浦富海岸は、「裏日本の松島」と呼ばれている。

9　神戸の小学校

このように懐しい故郷を後にして、私は、一九三五年（昭10）四月、神戸に出て、市立湊山《みなとやま》小学校（兵庫区雪之御所町）に転校した。父が、親戚の市会議員のつてで市の土木事務所に勤めていたからである。湊山小学校（明治五年創立）は、神戸市で（雲中《うんちゅう》小学校と並んで）一番歴史が古く、良い学校だというので、父は、二つの先の学区に私を越境入学させたのである。湊山小学校のある雪之御所《ごしょ》町の名は、かつて平清盛が都を福原（現、神戸市）に移した際、雪見の宴を催すため設けた御所（＊）に由来している。

＊　二〇一二年、ＮＨＫの大河ドラマ「平清盛」の中で、湊山小学校の正門横にある石碑「雪之御所跡」が、ゆかりの地として放映された。

（若き日の）中壷先生

当時、湊山小学校は、一学年五クラス、全校で約一、五〇〇人の児童がいた。これは、全校児童三〇〇人もいない郷里の小学校から来た私にとっては、大きな驚きであった。

湊山小学校の六年生となった私は、中壷《なかつぼ》勇先生の担任する男子クラスに編入された。当初、田舎っぺいの私は、言葉が田舎弁だとか、農家の子だとか言われて、からかわれた。でも、それは次第になくなった。神戸の子ども言葉にとまどうこともあったが、次第に神戸弁に慣れた。

勉強の方は、とくに算数で、苦労した。鶴亀算だとか、旅人算だとか言われても、何のことか、サッパリ分からなかった。郷里の小学校では、のんびりしたもので、教科書をまともに教わっていなかった。教科書は机の中に入れたままで下校し、家に帰った後は、野や川で遊ぶか、農作業の手伝いをするのが、日課のようになっていたのである。

中壷先生に「鶴亀算、旅人算って、なんのことですか」と尋ねたらよかったのだが、私には、その勇気がなかった。先生は若くて、教え方が上手で、授業を進めて行かれた。その授業をじーッと聴いていると、鶴亀算も旅人算も、その考え方が分かってきた。すると不思議なもので、算数がおもしろくなってきた。理科も、同様だった。国語も歴史も、教え方上手な先生の授業を聴いていると、興味が湧いてきた。

六年生の秋、神戸市の全小学校の児童の体育祭が、甲子園球場で行われることになった。私は、甲子園がどこにあるか知らなかった。友だちに、「甲子園って、どこにあるんや」と尋ねた。友だちは、答えた。

「甲子園は、神戸と大阪の間にあるんや」

私は、合点が行かなかった。神戸に市営の大競技場があるのに！と思って、別の友だちに同じ質問をした。その友だちは、答えた。

「甲子園は、大阪と神戸の間にあるんや」

こうして、湊山小学校の六年生は、バスで甲子園球場に行った。大きな球場は、参加者、応援者、観客で満員であった。私は、マスゲームに補欠として出場した。ところが、途中で、私は勘違いして、右と左を取り違え、マスゲームの列から二、三秒間、離れた。あわてて、皆の列に戻った。その時、スタンドを埋める大観衆、中でも女生徒たちの側から万雷の拍手が起こった。

これが、生涯に一度だけ甲子園に出場した私の、思い出の一齣であった。

10　中壷先生の温情

さて、六年生の二学期の終りごろ、中壷先生が私に尋ねられた。

「きみは、大きくなったら、何になりたいかネ」

「ハイ、絵描きになりたいです」

「うーん。絵描きになるには特別の才能が要《い》る。そして、貧乏を覚悟しなければならないヨ」

「分かりました。絵描き志望はやめて、父の方針どおり高等小学校（二年制）に行きます」

私の絵描き志望は、あこがれのようなものであったので、風船のようにすぐしぼんでしまった。私は、自分の描いた絵が学校の廊下に張り出されているぐらいのことで、身のほど知らずにも、絵描きにあこがれていたのだった。

兄は、郷里の小学校でずっと級長をしていたが、母の死後、貧しい家計を支えるため、小学校を終えるや、神戸の商店に住込み店員として働いていた。それを思えば、高等小学校に行かせてもらえることは、喜びであった。

数日後、中壷先生は、父を学校に呼んで、「都会では、中等学校（五年制）に行くのは、義務教育のようなものです。息子さんを公立の工業学校か商業学校に進学させなさい」と、懇々と言われた。父は、中壷先生の熱心なお勧めに心を打たれ、「学資のことは、なんとかなるだろう」と考えて、「先生のお勧めに従います」と答えたそうである。

こうして、私は、神戸市立第一神港商業（現、神戸市立神港高校）を受験することになった。市立だから授業料が安いし、有名な伝統校である上、わが家から歩いて通学できるというのが、その理由であった。

老後の中壷先生

入学試験は、学科試験と口述試験で、八倍の競争率であった。試験が近づいたある日、中壷先生は、放課後、私を呼んで言われた。「口述試験の日は、どの服を着て、どの靴をはいて行くかネ」

私は、答えた。「サージの服（密度の小さい糸で綾織りされた毛織物の服）を親類の者から借ります。靴は、このズック靴をはいて行きます」

私のはいている靴は、くたびれた古靴であった。これを見て、先生は、「これで革靴を買って、口述試験に出なさい」と言われながら、私に二円を渡してくださった。

当時の物価は、市電が（乗りかえ自由で）一回が六銭。喫茶店の看板には、「コーヒー五銭」と書かれていた。たしか、郵便はがきは、一銭五厘であった。その物価からすると、二

83歳の時の中壷先生（奥様と共に）

円は、今では優に一万円を超える。そのころ、中壷先生には二人のお子様がいて、小学校教員の俸給では家計は楽でなかったであろうに、二円という大金をポンと出してくださったのである。私は、あふれる涙をぬぐいながら、ひた走りに走って家に帰り、父にそのことを話した。侍気質の父は、正座してこの二円を押しいただいて、湊山小学校の方向を拝んだ。そして、私に言った。「中壷先生のご恩を忘れるでないぞ」

11　入学試験

入試の日、私は、普段どおり、カーキー色（当時の兵隊が着ていたような土色）の服を着て出かけた。サージの服を借りることができなかったのである。学科試験は、大体、出来た。口述試験は、最終日。問題は、理科に関するものであった。机の上のフラスコ瓶に透明な液体が二〇〇ccほど入っている。二人の試験委員の先生が、尋ねた。「この液体は、何でしょうか。旨いをかいでもいいし、瓶を振ってみてもいいですよ」

私は、瓶を振り、臭いをかいでみた。が、なんの反応もないので、「アルコールだと思います」と答えた。

以下、先生との問答。

「そのとおりです。では、アルコールは、何から造りますか」

「ハイ、糖蜜、芋類から造ります」

「よく出来ました。口述試験は、終りました。帰ってよろしいです」

私が礼をして退室しようとすると、先生が「ちょっと待って」と言って、尋ねた。「君の服の襟に付けているバッチは、何ですか」

「これは、副級長のバッチです」

「そうですか。ハイ、結構です」（先生は、ニッコリされた）

これで、試験は、全部、終わった。「アルコールは、何から造りますか」と問われた時、不思議にスラスラと答えが出た。今でも、そのことを覚えている。小学校では、学期ごとに級長と副級長が、級友の選挙によって選ばれて、交替する。私は、三学期に副級長に選ばれていた。サージの服を借りることができなかったため、平素着ていたカーキー色の服を着て入試に臨んだのだが、その服の襟に副級長のバッチが付いていたのである。

入試には、無事合格した。中壷先生は、私の合格を心から喜んでくださった。

その後、私は、波乱にも似た旅路をたどって、最高学府である京都大学（旧制）を卒業することができた。それは、貧乏百姓の家に生まれ、幼くして母と死別した者としては、全く夢のような出来事であった。夢がかなったのは、まず最初に、中壷先生が父に「息子さんを中等学校に行かせなさい」と、懇々と進学を勧めてくださったからである。

こうして、今日の私があるのは、ひとえに中壷先生のおかげである。中壷先生の熱心なお勧めがなければ、多分、私は、高等小学校に進み、そこを卒業した後、商店の小僧か会社の給仕になっていたであろう。夢にも考えたことのなかった旅路をたどって私が学者の途を歩む扉を開いてくださったのは、中壷先生である。このご恩を、私は、生涯、決して忘れない。

第二章　商業学校、高商、入隊

1　第一神港商業

一九三六年（昭11）四月、神戸市立第一神港商業学校（以下、「第一神港」または「一神」という。）に入学した。私は、金色のマーキュリー（神の使者で、商人の守護神）の徽章を付けた制帽をかぶり、カーキー色の制服を着て、希望に胸をふくらませて入学式に臨んだ。

第一神港は、兵庫区会下山《えげやま》町にある。会下山は、かつて楠木正成《まさしげ》が湊川の戦い（一三三六年）に臨んで、本陣を置いた所である。かつては松などの樹が繁っていたが、最近では桜の名所となっている。

私は、一年一組に組分けされた。その担任である岡久毅三郎先生は、歴史が専門で、神戸市の市史編纂委員長を務めておられたせいもあって、楠木正成のこと、湊川の戦いのことなどにくわしくて、その話を全校生徒にされることもあった。神戸では、楠木正成のことを、尊敬と親しみを込めて「楠公《なんこう》さん」と呼んでいた。そして「楠公さん」は、楠木正成を祭る湊川神社の愛称でもある。

神戸駅の北側に繁る楠の樹に囲まれた湊川神社は、かつて水戸光圀公が墓石屋に三顧の礼を尽くして建てたと伝えられる、有名な「嗚呼忠臣楠氏之墓」があることで知られている。

さて、第一神港は、一九〇七年（明40）に私立の神港商業学校として創立され、三年後に神戸市立となり、一九二一年（大10）に神戸市立第一神港商業学校となった。一九二九年（昭4）と一九三〇年（昭5）、甲子園で開催される春の選抜全国中等学校野球大会で、連続優勝した。強打者の山下は、米国の野球選手ベーブ・ルースにちなんで「ベーブ山下」といわれたほどだった。だが、夏の大会には、米国の高校と対抗野球試合をするため米国遠征をしたため、出場していない。夏の大会にも全国優勝しておれば、一層、天下に校名をとどろかせたであろうにと、残念でならない。

私が入学したころの第一神港は、柔道と相撲が強かった。「武道」（剣道と柔道）は、必須科目とされていたので、私は、柔道を選んだ。

会下山《えげやま》の中腹から麓にかけて建つ校舎からは、眼下の海を行き交う外国航路の船をいつも眺めたものだ。毎日のようにそれらの船を見ていると、心は、はるかアメリカやヨーロッパに向けられるのだった。

校歌（安藤正次作詞、永井幸次作曲）の第一節が、それを象徴している。

百船《ももふね》行き交う茅渟《ちぬ》の海に

輝く朝日は日日に新《あら》た
千街《ちまち》の甍《いらか》の波の色
月こそ照らせ清き光
心を高くと会下《えげ》の山に
我等が友がら道に励《はげ》む

神戸は、貿易と造船の街であった。外国人は、かの「風見鶏」で知られる中央区北野町界隈に多く住んでいて、貿易、銀行、保険、ホテル業などに従事していた。そのような次第で、神戸は、近代的で、垢抜《あか》けしていた。

2　校訓「世界は我が活動場なり」

校訓は、次の三つであった。

一、至誠事に当たるべし
一、心身を剛健にせよ
一、世界は我が活動場なり

このうち、三つ目は、国際貿易港神戸にふさわしい、ユニークなものであった。生徒は、「世界に雄飛せよ」と教えられた。そのため、英語の時間数が他校のそれよりも多かった。それのみではない。一年生の授業として、英国紳士による正しい英語発音のカリキュラムが組み込まれていた。これは、「英語の初歩学習においては正しい発音を覚えさせ、また、英国紳士からジェントルマンシップを学ばせることが大切」という、校長の教育方針によるものであった。

当時、第三代校長（昭2〜13）の大山登先生は、旧明石藩《はん》の家老の家柄の出身で、鷹揚《おうよう》として太っ腹の人であって、生徒から慕われていた。その大山校長は、私が四年生になった時、「生徒を将来、世界に雄飛させるためには、英語のほか、スペイン語の勉強も大切だ」との考えから、課外の「スペイン語」を週一回、自由授業として開いてくださった。

貿易に関心があった私は、これに応募した。先生は、大阪外国語学校（大阪外語）のスペイン語科出身で、神戸の貿易会社に勤める若い人であった。最初、受講生は五、六人いたが、間もなく私一人となった。恐らく、一つの動詞が、一人称、二人称、三人称、その上、単数、複数と、計六通りの活用をするのに参ったのであろう。

受講生が私一人になった時、先生は、「週一回、夜、私の家に来て勉強しないか」と言われた。私は、喜んで、わが家から一時間ほど歩いて、先生のお宅に参上した。美しい若奥様が、おいしいコーヒーを入れてくださった。先生は、コーヒーには、ブラジル、コロンビアなど産地によって種類があり、コーヒーは入れ方によって味が異なることなども教えてくださった。

先生は、スペイン語の勉強のほか、スペインと中南米の文化や歴史について楽しい話をしてくださった。中でも、インカ文明、マヤ文明の話は、物好きな私に限りない興味心を喚び起こすものであった。そして、先生は、こうも言われた。「森下君、ポルトガル語は、スペイン語に似ているから、将来、ポルトガル語も手がけて見てはどうかね。日本と縁の深いブラジルの国語は、ポルトガル語だよ」

第一神港でスペイン語の課外授業を受けたことは、後日、私が学究の道を歩むことになって、スペイン刑事法、中南米諸国の刑事法にも眼を向けるようになった誘因となった。一九六四年（昭39）、法務省から依頼されて『スペイン刑法典』（法務資料三八三号）の翻訳をしたのも、一五歳のころに学んだスペイン語が役立っている。

なお、スペイン刑法典の翻訳をしてから約三〇年後、私は、思いがけない成り行きで、ポルトガル新刑法典、ブラジル憲法、ブラジルの刑法、犯罪人引渡法と取り組むことになった。そのため、七〇歳になってからポルトガル語を独学で勉強した。

3　授業の思い出

第一神港は、学年ごとに六クラスあり、全校で一、五〇〇人の生徒がいた。学年が進むたびに組替えがあり、級長と副級長は、成績順に任命された。私は、二年生の時、副級長に、三年生以後は級長に選ばれた。級長は、責任のある、しんどい仕事であった。

授業では、二年生から始まった数学と幾何が、おもしろかった。公式や定理を理解すると、問題がスラスラ解けた。試験で満点を取ると、うれしかった。三年生になると、国語の文法の授業があった。国学院大学出の若い先生の授業を聞いていると、国文法にも興味が湧いてきた。授業が終わると、廊下で先生にさまざまな質問をした。例えば、

「転ばぬ先の杖」ということわざがあるが、「転ぶ先の杖」というべきではないか。「雨が降りはしないかと心配する」は、「雨が降るかと心配する」というべきでないか。

「が」と「は」は主格で、「の」は所有格を表す言葉だというが、「私が好きなのは、梅です」というときの「が」は、「私の好きなのは……」というときの「の」と同様、所有格の働きをしているのではないか」

先生は、「また、質問か。君ほど質問する者は、これまでいなかったぞ」と言われた。私は、自宅と学校の間を、会下山の坂を歩いて通学している時、物好きでこのような質問を考えていた。

（あとがき）　戦後、京都大学に入学し、日仏会館でフランス語を学ぶに及んで、虚辞（否定が意識下にある無意味の打ち消し言葉）の'ne'という用法を知った。この'ne'は、「転ばぬ先の杖」と同じ用法であることがわかった。イタリア語の'non'やスペイン語の'no'にも、同じく虚辞としての用法がある。虚辞には、それなりの理由がある。言葉というものは、理屈どおりに用いられている

ものではない。そのことを知ったのである。

一神時代の思い出をもう一つ。五年生の時、最後の英語の授業で、先生が言われた。「これで、英語の授業は、最後だ。なにか、質問はないか。どんな質問でもいいよ」

だれも手を挙げないので、先生は、張り合いがないと思われたのか、「森下、なにか質問はないか」と言われた。指名されて、私は、「それでは、お尋ねします。英語では be 動詞が、なぜ、I am. You are. He is. というように不規則変化するのですか。ほかの動詞は、そのような変化をしません」と言った。すると、クラス全員が、ワーッと笑った。

先生は、からかわれたと思ったのか、毅然として言われた。「森下、君は、またそのような質問をするのか！ I am. You are. He is. は、そうなっとるから、そうなっとるんじゃ。では、これで授業は終り！」

これが、英語の最後の授業であった。

4　級友　陳舜臣君

第一神港の同期の友に、陳舜臣君がいる。彼は、神戸生まれの、神戸育ち。国籍は、台湾（一九九〇年に日本国籍を取得）。自らの著書で語るところによれば、彼は、後漢の陳寔の末裔で、陳家第三五代目に当たる。背の高さは、中くらい。成績は、クラスの中程度。家柄が良いせいか、いつもおっとりして、ニコニコしていた。

陳君の家柄のことなど知る由もないわれわれ同級生は、「おい、陳、早く来い！」と言ったり、「陳、陳！」と呼びかけたりしていた（これは、決してからかい言葉ではなく、遠慮のない友だち同士の呼びかけであった）。が、彼は、一度も腹を立てることもなく、つねに明るく、鷹揚であった。

今から思えば、彼は、まさに大人《たいじん》であった。彼は、一五、六歳のころ、休日に大阪の美術館に通って、中国から渡来した国宝級の陶磁器などを眺めては中国の美術・歴史・思想を学んでいた。そのことを、彼は一言も語ったことがなかった。私は、同じクラスで、文字どおり机を並べたこともあるが、陳君が東洋の美術や歴史の勉強をしていることを全然知らなかった。

陳君は、第一神港五年生の時、大阪外国語学校（大阪外語。現、大阪大学外国語学部）のインド（印度）語科の入試に合格した。口の悪い同級生は、「大阪外語の英語科は難関だから、陳は、無試験（？）で入れるインド語科を選んだのだ」などと言った。

嗚呼《ああ》、「燕雀《えんじゃく》いずくんぞ鴻鵠《こうこく》の志を知らんや」（小雀は、大空を悠々と飛ぶ鴻鵠（おおとり）の志を知るべくもない）。われわれ同期の仲間は、みな小雀であった。後日、知ったところによると、陳君は、印度語（ヒンドゥ語）とペルシャ語を学んで、将来、インド語とインド学の学者になりたい、という希望をもっていたそうである。大阪外語では、（後に作家になった）司馬遼太郎（蒙古語科）

が一年下にいた。

陳君は、一九四三年、大阪外語をくり上げ卒業の後、同校に附設されていた西南亜細亜語研究所の助手となり、インド語辞典の編纂作業などに従事した。が、終戦に伴い、日本国籍を喪失した。当時の法律では外国人は国公立学校の教員になれないとかで、退職。

陳君は、神戸に帰って、家業の貿易業に従事していたところ、病にかかって入院した。入院中、つれづれなるまま、ある推理小説を読んだ。そして、「これくらいのものなら、わたしにも書ける」とて、書き始めた。それが、神戸を舞台にした長編推理小説『枯草の根』である。

陳君は、この『枯草の根』（講談社、一九六一年）で、一九六一年、江戸川乱歩賞を受賞した。最初に書いた本で見事、有名な賞を受賞したのだから、その才能たるや、大したものである。一神時代の友だちに勧められて、私も『枯草の根』を読んだ。実におもしろい。文章も上手だが、ストーリーの運びには、敬服。というのは、初め容疑者らしく思われていた者は、無実であることが判明し、その代わり、当初は捜査線上にも浮かんでいなかった者が、どんでん返しのごとく真犯人とされるからである。「陳君のどこに、このすばらしい才能が秘んでいたのか！」と、心から敬服し、かつ祝福した。

これ以後、陳君は、作家生活に入り、「陳舜臣」という実名をペン・ネームにも用い、続々とすぐれた作品、業績を世に遺すことになった。初期の作品はミステリーものが多く、一九六八年には

『青玉獅子香炉』（文芸春秋社）で直木賞を受賞し、一九七〇年には『玉嶺よふたたび』（徳間書店）、『孔雀の道』（講談社）で日本推理作家協会賞を受賞し、これによってミステリー作家の三冠を果たした。

そのころから陳君は、歴史小説、中国を題材にした歴史学の分野にまで活躍の舞台を広げて行った。『阿片戦争』（一九六七年）、『秘本三国志』（一九七七年）、『太平天国』（一九八二年）、『小説十八史略』（一九八三年）は、その代表作とされる。

彼の受賞歴を挙げれば、既述のもののほかに十指を超える。例えば、毎日出版文化賞（一九七一年、『実録アヘン戦争』）、大佛次郎賞（一九七六年、『敦煌の旅』）、読売文学賞随筆紀行賞（一九八八年、『茶事遍路』）、吉川英治文学賞（一九九一年、『諸葛孔明』）、朝日文化賞（一九九二年）、日本芸術院賞（一九九四年、『作家としての業績』）、井上靖文化賞（一九九五年）などがある。そして、現在、日本芸術院会員である。

作家司馬遼太郎は、「陳舜臣は、一世紀か二世紀に一度輩出する逸材だ」と言ったそうである。このようにすぐれた人物を親しい友にもつ一神同窓生は、幸せである。

ここで一つ、陳舜臣君にまつわる思い出を書いておきたい。

前に掲げた『茶事遍路』が、たしか朝日新聞に連載されたことがある（一九九二年、朝日文庫『茶の話　茶事遍路』として刊行）。それは、中国における茶、茶道の生い立ちから発達の途を丹念に文

陳舜臣君と同窓会で　1987 年

献を渉猟して、味わい深い読物にしたものであった。

ちょうど、その連載が続いているころ、神戸で第一神港第三二回卒の同窓会が開かれた。私も、懐しい友だちに会うのを楽しみにこの会合に出席した。陳君も出席していたので、楽しい語らいをした。その際、私は、陳君に尋ねた。「あの『茶事遍路』を毎日、楽しく読んで、味わっている。あの中にたくさんの文献からの引用がなされているが、あれだけ多数の文献を入手し、それを読んだの？」この質問は、いささか失礼であったもしれない。でも、私も学者の端くれとして、文献入手にはいつも苦労しているからである。

この質問に対し、陳君は、いつもながらのにこやかな顔で、次のように答えた。「全部、丹

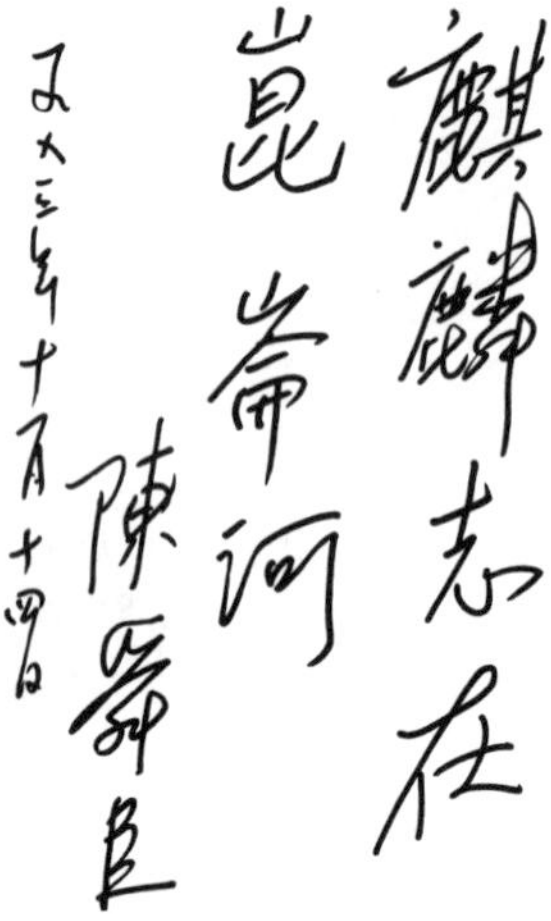

陳舜臣君の「麒麟の志は、崑崙河に在り」

念に読んでいる。文献の数が多くて、わが家には置き場所がないので、非常勤講師に行っている大阪の女子大学で研究室を一つお借りして、そこを書庫代わりに利用させてもらっている」

この一言を聞いて、「陳君は、本当の学者だ」と、私は、心から尊敬の念を深くした。そして、「何か書いてください」と言って、持参の寄せ書帳を差し出した。陳君は、麒麟志在崑崙河　と書き、署名してくれた。これは、「麒《き》麟《りん》の志は、崑崙《こんろん》河に在り」と読む。この句の意味は、陳君によれば、次のようである。

5　麒麟《きりん》の志

「麒麟は、想像上の聖獣だ。孔子は、『春秋』を著し、麒麟を獲た、という記事のところで、筆を擱《お》いた。古代の人は、西方に西王母の住む楽土の崑崙山があり、黄河が発する所と考えていた（だが、実際には崑崙河は存在しなかった）。麒麟の志は、そのはるか彼方にある崑崙河をめざす。」

後日、ある中国人に尋ねたところ、「麒麟とキリン（ジラフ）は違います。キリン・ビールのラベルにあるのが、麒麟です」と、いとも明快な答えがあった。

麒麟は、中国では想像上の動物で、めでたいしるし、聖人の現れるしるし、とされた。その麒麟は、一角獣で、翼をもっている。キリン・ビールのラベルを見ると、麒麟は、左足の付け根から肩にかけて火焔状の翼をもつ霊獣として描かれている。麒麟は、有翼能飛（翼があって飛ぶことができる）の特性をもつ獣とされているのだ。しかも、麒麟は、肉でおおわれた角をもち、武備を設けながら相手に危害を与えず、また、虫をふまず、草を折らないところから、仁獣と言われている。農耕民族であった中国農民にとっては、麒麟は、まさに聖獣として観念されていたようである。

紀元前五世紀に孔子が編纂したと伝えられる魯国の年代記『春秋』は、「十四年春、西狩獲麟」（十四年春、西に狩りして、麟を獲たり）という一行で終わっている。

瑞獣と伝えられる麒麟が出現したのであれば、平和な世の中になる前兆として喜ぶべきはずであるのに、なぜ孔子は筆を擱いたのか。孔子はライフ・ワークともいうべき『春秋』に、万感の思いを込めて、麒麟が捕えられた事実のみを記録し、その筆を擱いた。実在しない聖獣である麒麟が捕えられるはずもなく、それを見た訳でもないのに、孔子は「獲麟」（麟を獲たり）を理由として、なぜ『春秋』の筆を擱《お》いたのか。

陳舜臣君の『麒麟の志』と題する古稀記念の詩集（一九九三年、朝日新聞社）がある。この書に収められた「古稀有感」と題する最後の詩は、麒麟志在崑崙河　で終わっている。

ここで「麒麟の志」とは、『春秋』が孔子のライフ・ワークであったところからすれば、ライフ・ワークを完成する志と受け取ることができるであろうか。麒麟の志は、はるか遠くの崑崙河をめざす。「それを獲るまで筆をおくものか」。これが陳舜臣君の詩集『麒麟の志』の最後をかざるエッセイの一文である。

奇代の英才陳君には及ぶべくもないが、せめて志だけは同じでありたいと希っている。

（あとがき）

一九九三年（平成5）、陳君は、朝日文化賞を受賞した。その授賞式に私も出席した。多くの方々が、陳舜臣の偉大な業績を讃えた。その中には、「陳舜臣先生は、とっくに文化勲章を受章してしかるべき人だ」という讃辞を述べる人もいた。新聞社のカメラマンが、陳君と私の写真を撮ってくれた。

二〇〇七年八月八日から一二日までの間、東京銀座の松坂屋で、東京新聞社主催、駐日中国大使館後援の「陳舜臣の世界展――21世紀へのメッセージ」が開催された。

七階の催場には、陳舜臣が一九六一年（昭36）、デビュー作『枯草の根』で江戸川乱歩賞を受賞して以来、かずかずの賞を受賞した著書が、陳列されていた。それらの著書の中には、私が読んだことのあるものもあるが、むしろそれは一部分にすぎなかった。未読のものが、なんと多いことか。賛嘆おくあたわず。

推理小説作家として出発した陳舜臣であったが、『阿片戦争』『耶律楚材』『秘本三国志』などの中国の歴史を題材にした作品は、スケールの大きな独自の世界観で、ファンを魅了してきた。世界の文化や文物の交流などを紹介する紀行文の執筆も多く、一九八〇年代に放送されたＮＨＫのドキュメンタリー番組「シルクロード」では、解説者としてお茶の間でも親しまれた。

陳舜臣は、台湾人の両親のもとで、神戸で生まれ、育った。二つの祖国をもつという宿命が、彼の深い洞察力を養い、それによって国や民族を超えた人間の有り様をダイナミックに描き出すという、作家としての才能を開花させたのである。

私にとっては、神戸の第一神港商業時代の思い出の品や、アルバムなどが陳列されていることが、限りなく懐かしかった。それらの品を眺めながら、陳君と楽しい思い出にふけった。いつになっても、竹馬の友は、懐しくありがたいものである。

陳君はいま療養生活を続けている由であるが、二〇一三年の年賀状には「苦しみを楽しもう」と毛筆で書かれてあった。

6　しのび寄る戦争の足音

このように書いていると、かつての学校時代のさまざまな出来事が、走馬燈のように頭の中を馳けめぐる。

だが、時局は、めまぐるしく動いていた。そもそも、第一神港に入学した一九三六年（昭11）二月二六日、かの二・二六事件（わが国初のクーデター）が発生したのだ。軍国主義の風潮が社会を取り巻く中、東京では、陸軍の過激な国粋主義の青年将校らが、「昭和維新」を旗印にして、部下の兵士約一、五〇〇名を率いて決起した。これらの将兵は、首相官邸を襲撃した（身代わりに松尾大佐が射殺された）ほか、斎藤実内務大臣、渡辺錠太郎教育総監らをそれぞれの私邸で射殺した。このクーデターの結果、首相官邸、陸軍省、参謀本部、警視庁など首都の中枢部は、四日間にわたって占拠された。

しかし、「叛乱軍は原隊に帰れ」との奉勅命令が下されたことにより、青年将校たちの「昭和維新」の夢は、完全に破れ去った。

五・一五事件（＊）とそれに続く二・二六事件は、しのび寄る戦争の序曲にたとえられるものであった。日本は、一九三七年（昭12）七月七日の盧溝橋《ろこうきょう》事件（＊＊）が発端となって、その後、「日支事変」と呼ばれた戦争から日中全面戦争へと拡大して行った。こうした状況の下、中等学校以上の学校では軍事教練が強化され、巷では軍国思想が鼓吹された。

＊　五・一五事件とは、一九三二年（昭7）五月一五日に起きた、海軍の青年将校を中核とする反乱事件。首相官邸で、犬養毅首相が暗殺された。

＊＊　北京郊外の盧溝橋で起きた日本軍と中国国民革命軍との衝突事件。この事件は、支那事変（日中戦争）の直接の導火線となった。

7　応募作文で全国二位

一九四〇年（昭15）、日本は、神武天皇即位から二、六〇〇年にあたるとして、国を挙げて「皇紀二千六百年」記念の行事に沸き立った。そして、そのスローガンとして「八紘一宇」が用いられた。「八紘一宇」とは、世界の国ぐにを一つの家のようにまとめよう、という意味であった。だが、それは、謳い文句であって、その奥には「一宇（一つの家）の家長となるべきは、萬世一系の日本天皇だ」という国粋思想が秘められていた。こうした考えは、私には理解できなかった。

この年、東京の専修大学が、全国の中等学校生を対象にして、「日本の進むべき道」というようなテーマで、作文を募集した。それを学校の掲示板で見た私は、応募しようと思って、放課後や日曜日に大倉山（湊川神社の北側）にある市立図書館に通って、アジア諸国の歴史、人口、資源などについて資料集めをした。そして、自分一人で考えたことをかなり大きな作文にまとめて、それを専修大学に送った。

この作文の内容は、覚えていないが、大要、次のようなものであった。アジア、特に東南アジアの諸国には、実に多様で豊富な資源が存在する。人口は、多い。しかるに、教育と開発が遅れていたために、ほとんどの国が欧米列強の植民地とされていて、搾取されている。日本は、これらの国々に手を差しのべて、岡倉天心（一八六二―一九一三。明治の美術評論家）が掲げた「アジアは一つ」のスローガンを実現するべく努力すべきだ。どの国の国民も誇りをもって独立して生きることができるように――。

この作文に応募したことを忘れてしまっていたころ、担任の先生から呼ばれた。「森下、きみが応募していた作文が、全国で二位になったよ」

私は、自分一人で考えて書いた作文が、それなりに評価されたことがうれしかった。その時、先生から渡された賞状は、残念ながら、それから五年後の三月一七日、米軍による神戸大空襲によってわが家もろとも灰燼《かいじん》に帰した。

さて、五年生の二学期の中ごろ、担任の先生が私を呼んで、言われた。「君は五年生三〇〇人中、成績は二番だ。一番のS君（珠算が抜群）は、就職することになっている。毎年、兵庫県立神戸高商に本校から無試験入学の推薦をする枠が、二つある。どうだ、神戸高商に行かないか」

私は、卒業したら貿易会社に勤めようと思っていた。「世界は我が活動場なり」の校訓が心に滲み込んでいたし、また、貧乏なわが家には、上級学校に進学する資力はないからである。父に相談すると、「家庭教師をすれば、なんとかなるだろう」と言って、進学を許してくれた。神戸高商は、官立の旧神戸高商が一九二九年（昭4）に神戸商業大学（現、神戸大学）として昇格したのに伴い、県立として創設された学校（後日、官立に移管することが目ざされていた）で、評判の名門校であった。旧神戸高商は旧東京高商（現、一橋大学）と並んで東西の二大高商と称されていたので、その伝統を受け継ぐ県立神戸高商への入学は、なかなか難関であった。

8　神戸高商に入学

一九四一年（昭16）四月、神戸高商に入学した。同期の学友は、二〇〇人。そのうち、商業学校卒と中学卒が半分ずつであった。

選択科目としてドイツ語の履修届を教務課に出しに行ったところ、「予定数（五〇名）に達したので、今、締め切った」と言われた。フランス語を履修することはできたが、中国語を選択した。心の中では、「ドイツ語は、ラジオで勉強しよう。どうせ、軍隊に取られたら、中国大陸に送られて、そこで戦死し、中国の土になるだろう」という気持ちがあった。そのころ、中国での戦線は拡大を続けており、いつ終結するかの見透しも立たないまま、「名誉の戦死」として無言の凱旋をする英霊が、日ごと増えて行った。

9　太平洋戦争　勃発

入学した年の一二月八日、米英両国に対して宣戦布告がなされた。真珠湾攻撃の大勝利に、日本国中が湧き立った。この日、学校では、勉強どころではなかった。ラジオを通じて大本営発表が報道されるたびに、教室では、級友同士、肩を組んで喜び合った。そして、授業に来た教授に「日本は、戦争に勝つか」と尋ねたりした。真珠湾の奇襲攻撃、フィリッピンのマニラ湾における英国軍艦の全部を撃沈という緒戦における大勝利は、「神国日本は、勝つぞ」というムードを全国に盛り上がらせた。

だが、その後、戦局がきびしさを増すにつれて、学校では軍事訓練が強化され、勤労動員の時間が増えて、勉学の時間は少なくなった。学友は、みな、心の底から「勉強したい」と言った。いずれ軍隊に取られて、生きて還ることはないだろうから、「今のうちに勉強したい。本が読みたい」と、本心から思った。みな、勉学に飢えていた。

10　参禅会

神戸高商に入学して間もなく、参禅会に入会した。会員は、上級生を含めて一〇人ほどだった。神戸市垂水区にある臨済宗の寺で、毎週月、水、金曜日の朝、参禅し、それを終えてから歩いて学校まで通った。この禅寺で、般若心経などのお経を覚えた。しかし、このお教の核心ともいうべき「色即是空《しきそくぜくう》、空即是色《くうそくぜしき》」の意味は、余りにも高遠で、とうてい理解すべくもなかった。凡俗の身には一生かかっても分からないだろう、ということだけを悟った。

般若心経や禅宗の教義書をたくさん読んだ。「軍隊に行けば、生きて還れない」という気持ちが強かったからである。戦国時代の武士が禅に惹かれた訳がわかるような気がした。

この禅寺の小林円格和尚は、坐禅の後、一同で般若心経と短いお経を唱えた後、短かい説教をしてくれることがあった。私たちは、坐禅したまま、心を澄ませて、和尚の言葉に耳を傾けた。和尚の話の中に、「毀誉褒貶《きよほうへん》は、他の評に任す」というのがあった。これは、「他の者が自分のことを褒《ほ》めようと悪口を言おうと、言う者には言わせておけ」という意味である。なるほど、この境地に至れば、気持ちは軽くなる。――ただし、独善に陥ってはいけないが。

11　くり上げ卒業

戦局不利の情勢は、日に日に顕著となり、若者は、赤紙（召集令状）によって次から次へと軍隊に取られた。国民生活は、逼迫してきた。それでも、大本営発表は、わが軍が戦果を挙げているとの報道か、転進（実は、敗退）の報道かであった。

このような状況下で、学校は、夏、冬、春の休暇を短縮して、授業を行い、結局、一九四三年（昭18）九月、在学二年半でのくり上げ卒業となった。

在学中、海軍の士官がやって来て、生徒全員に向かって海軍予備学生を志願するように奨めた。「予備学生」というのは、士官（陸軍の将校にあたる）候補生に相当する階級であって、一年後に士官になる者であった。陸軍でいえば、見習士官待遇というところであろうか。

　卒業式を待たずに海軍予備学生に志願する学友が、かなりいた。彼らの多くは、特攻航空隊に配属され、太平洋上で散華した。今から思えば、海軍予備学生は、海軍の特攻隊要員として募集されたものであった。

　実は、私も、父には内緒で海軍予備学生を志願した。学校の配属将校らが、しきりと軍への志願を奨励したからである。志願者の数が少ない学校に対しては、軍からハッパがかけられた。私には、「どうせ軍隊に取られるのだから、最初から予備学生もいいなア」という気持ちもあった。しかし、健康診断で、「不合格」と宣告された。それは、その年の厳寒の一月、学校の軍事教練の一環として行われた軍装（銃をかつぎ、背嚢を背負う）による馳け足強行軍の途中、急性肺炎に罹って倒れたからである。当日、私は、一〇人単位の分隊の長に任ぜられていたので、かぜで熱があるのに、責任感にかられて、分隊を指揮した。行軍の途中、胸が焼けつくような激しい痛みに襲われた。学校にたどりつくと、ぶっ倒れた。友人らが、担架で私を家まで送ってくれた。

　父が、驚いて医師を呼んだ。医師は、「急肺炎と肋膜の症状が重い。すぐ入院させなさい。命が危い」と言った。ところが、当時、入院しようにも受け入れてくれる病院がなかった。思い余まった父は、川崎重工業の重役に頼み込んだ。私は、その重役の息子さんの家庭教師をしていたのだ。重役さんの鶴の一声の賜物か、私は、川崎病院に入院することができた。特別高価な薬を飲み、一か月間、絶対安静、面会謝絶を守った。おかげで命拾いをした。

このような次第で、海軍の軍医は、航空隊への配属はダメだと判断し、「不合格」を宣告した。思えば、軍事教練の行軍で倒れていなかったとすれば、私は、海軍予備学生に採用され、特攻航空隊に配属されて、多分、太平洋上で空中散華したであろう。まことに、中国の諺にいう「人間、万事塞翁が馬」とは、このことであろうか。

高商卒業の年の一〇月二一日、東京・明治神宮外苑の国立競技場において、文部省などが主催した「出陣学徒壮行会」が行われた。これは、高等教育機関に在籍する二〇歳以上の文科系の学生に対する徴兵猶予の恩典が廃止されたため、戦場に向かうこととなった約七万五千人の「学徒出陣」の壮行会であった。

前途有為の出陣学徒たちのうち、少なからぬ数の者が山野に屍をさらし、または太平洋の水づく屍となった。日本戦没学徒の手記『きけ　わだつみの声』(岩波文庫など)は、いつまでも私たちに平和の尊さを呼びかけている。いつまでも――。

12　卒業、就職

高商を卒業して、神戸の川西機械製作所(のち、神戸工業(株))に就職した。購買課で、真空管その他の兵器の製造に必要な資材を購入する仕事に携わった。工場を何度も訪ねた。

ある日、現場の技師が、私に語った。「アメリカ製の真空管の性能は、日本製の二倍以上すぐれている。米軍は、その真空管を用いた電波探知器で日本軍の襲来を事前に探知し、日本軍が射程距離内に入った時、迫撃砲や機関銃で一斉攻撃する。そのため、日本軍は壊滅する。日本軍による特攻機攻撃も水中魚雷攻撃も、米軍は、電波探知器でそれをいち早く探知しているので、先手を打ってそれを撃滅する」

「これでは、戦争に負けることは必定」と、私は思った。そのころすでに、米軍のB29爆撃機は、日本の上空一万メートルを悠々と飛んでいた。これを迎え撃つ日本の飛行機は、当時、存在しなかった。高射砲も、とうてい一万メートルの高度に届くことはできなかった。「空を制する者は、戦いを制す」とは、かねてから言われているところである。一九四八年（昭18）の秋当時、すでに日本の敗戦は、明らかであった。

13　入隊通知

やがて、私は、徴兵検査を受けた。第一乙種合格だった。甲種合格にならなかったのは、肺炎と肋膜の既往症があったからだ。

一九四四年（昭19）の秋、陸軍への入隊通知が来た。見て驚いた。広島県の宇品港に集合して、台湾南部の台南にある船舶兵 暁《あかつき》 第〇〇部隊に入隊せよ、という通知である。「宇品から台南に向から軍用船は、米軍の潜水艦によって撃沈されるだろう」と、私は、観念した。そのころすでに、日本近海の制海権は、米軍によってにぎられていたからである。

このころ、巷では『神風』と題する映画が上映されていた。これは、軍が国民の戦意高揚をねらって製作させたものであった。その荒筋は、次のようなものであった。

かつて、鎌倉時代に二回にわたって元《げん》の国が侵攻してきた〝元寇《げんこう》の役《えき》〟の際、強い台風が吹いて元の艦船を沈没させた。二度に及ぶ台風は、神仏の加護のおかげだとして、神国意識が沸き上がった。「日本は、神の国だ」。だから、太平洋戦争にあっても、猛烈な台風が襲来して、米国の軍艦や航空機をことごとく沈没させてくれる。——

……そして、映画では、その場面がいとも鮮かに作り出された。だが、ついに神風は吹かなかった。

当時、兵隊に取られる者の多くは、「人生、二十二年」という言葉を宿命のように受け取っていた。この言葉は、「二十歳で徴兵検査を受け、二十一歳で入隊し、訓練を受けて戦地に送られ、二十二歳で戦死」ということを意味した。それは、一種のあきらめであった。

14　船舶幹部候補生隊

ところが、そのころ、陸軍の特別甲種幹部候補生（特甲幹）の募集があったので、それを志願したところ採用された。一九四五年一月、香川県西部の豊浜町にある船舶幹部候補生隊（幹候隊）に入隊した。特甲幹は、高等専門学校以上の卒業生・在学生を最初、伍長に任じ、一年余り後に将校に任官させるという、新設のコースであった。本土決戦が叫ばれる折柄、敵前上陸する歩兵らを輸送する任務のほか、本土と九州・四国、または本土と北海道との間で、兵員、武器、食糧などを運ぶ任務をもつ兵科であった。船舶兵は、航空兵とともに最も消耗率（戦死率）が高い、といわれた。そのため、船舶兵の将校を短期間のうちに多数、養成する必要があったのであろう。

幹候隊では、一期先輩のうち一部の者が、人間魚雷艇（マルゆ）の特訓を受けていた。私は、内心ひそかに、「次は、おれも、この特攻要員に選ばれるかも……」と思った。当時、軍隊には、「長男は家の後継ぎで、次男以下は消耗品だ」という雰囲気があったからだ。この人間魚雷艇は、開戦当初は別として、成功率がゼロに等しいものであった。なぜなら、エンジン音を立てて敵艦に近づくので、米軍は、いち早くレーダーで探知しており、射程距離に入って来た時、照準を定めて撃沈するからである。

三月一〇日に東京大空襲があり、三月一七日、神戸も空襲で大半が焼土と化した。しばらくして、父から「わが家は焼けたが、家族は、山の方に逃げて無事」という通知があった。その後、全国各地で、主要都市が相次いで空襲を受け、焼土と化した。

七月四日未明、私のいる部隊の東の空が真っ赤に燃え上がった。それは、六〇キロ東の香川県高松市が米軍の爆撃機B29による焼夷弾攻撃を受けて、紅蓮の炎が、一晩中、空高く舞い上がっているのであった。

八月一五日正午、無条件降伏を国民に告げる天皇の放送（玉音放送）があった。部隊長以下全員が、営庭に整列してこの放送を聞いた。しかし、雑音がひどくて、「堪えがたきを堪え、忍びがたきを忍び……」の箇所しか聴き取れなかった。そこで、営舎に戻ってから、「これは、国民全員が玉砕するまで戦え」ということか、と言う者もあった。夕刻、再度、「全員、営庭集合」の命令で整列したところ、部隊長が、「日本は、無条件降伏した。われわれの至らざりし所をお詫びしよう」と言い、全員が土下座し、平伏して東の方を拝んだ。

実は、前日、新聞の第一面に大きな見出し活字で「国体の護持と民族の保持」と題する記事が載ったし、不思議なことに米軍機は一機も飛来しなかったので、「おかしいな」と内心感じていた。その予感が、的中した。

15 復員

二週間ほどして、部隊の舟艇で岡山県の宇野港まで行き、宇野駅から復員列車に乗った。岡山駅のプラット・ホームには、二日も三日も、列車に乗るべく待ち続ける人たちがあふれていた。その人たちは、「兵隊さん、乗せてください」と必死に頼んだ。これは、衝撃的な事であった。

神戸に着いた。わが家は、三月一七日の大空襲で焼失して、跡形もなかった。避難先の親類の家を訪ねて、そこで肉親と再会した。神戸の市街は、見渡す限り、焼け野が原であった。全く呆然として立ち尽くすのみであった。「なんという愚かな戦争をしたものか！」と、怒りと悲しみがこみ上げてきた。

全国各地で都市が爆撃され、多くの人が死傷し、財産を失った。それだけではない。大切な記念品、写真なども、すべて灰燼に帰した。貴重な史跡や文化財までも。ああ、失われたものは戻って来ない。

広島と長崎に「新型爆弾」が落とされたこと、その爆弾の威力がすざまじいことは、軍隊で聞かされていた。だが、その「新型爆弾」が原子爆弾であること、惨禍が想像を絶するものであることを知ったのは、復員してしばらく後のことであった。

太平洋戦争における日本人の死者は、日本軍（軍人、軍属、準軍属）で二三〇万人、一般人が八〇万人にのぼる、といわれる。そのほか、朝鮮人は軍人と一般人で計二二万人、台湾人は軍人と一般人で計二三万人が死亡した、と伝えられる。だが、そのほか、忘れてならないのは、中国、ベトナム、フィリッピンなどで合計二、〇〇〇万人超えるぎせい者を出したことである。戦場となった諸外国で、日本軍は、空爆、大砲、迫撃砲、機関銃などによって、尊い多くの人命を奪ったほか、財産や文化財を略奪したり、破壊した。

「一体、何のための戦争であったか。生き残った者は、何をなすべきか」——私は、焼け野が原となった市街を見て、何度も考えた。

為政者、旧軍隊の最高幹部らは、「国民総ざんげ」を唱えて、責任の所在をごまかした。「自由」「平和」「民主主義」という言葉が、国民の心に明るくひびいた。それは、戦争責任の徹底的究明を覆いかぶせる役割を果たすものでは、なかったであろうか。

愛する人を戦争で失った家族や恋人たちの深い悲しみは、いかばかりであったであろうか。

16　生きて帰った者の負い目

私は、第一神港から神戸高商を通じて同じ同級生であった本田順治君が海軍特攻隊員となり、レイテ島海戦に参加して戦死したこと、そして、その両親が兵庫駅の北一キロほどの元の住居に住んでいると聞いて、焼香させていただくべく、某日、両親を訪ねて行った。見渡す限り焼野が原となった街の中に、ご両親は、小さなバラック小屋を建てて、そこにひっそりと住んでおられた。

私は、小さなご仏壇に焼香した後、順治君の思い出などを語った。順治君は、本当に明るく、やさしくて、友だちから愛される人であった。愛情深いご両親の許で育てられたゆえか、素直な性質であった。ご両親は、眼に涙を浮かべて私の思い出話を聞いておられたが、こもごも次のように語られた。

「森下さん、あなたは帰って来ましたね。うちの息子は、帰って来ません。空襲で家を焼かれ者はたくさんいますから、そのことは、あきらめます。でも、順治は、私たちのたった一人の子どもでした。これから先、私たちは、だれを頼りに生きて行けばよいのでしょうか」

これを聞いて、私は、つらくてつらくて仕方がなかった。涙が、両眼からとめどなく流れた。生きて帰ったことが申訳けない気持ちになった。これは、生きて帰った者のいだく負い目であった。

この日は、復員後、最もつらい一日であった。あれ以来、私は、「生き残った者は、何をなすべきか」について考えるようになった。

第三章　京大入学、志願囚

1　京都大学に入学

敗戦後の混乱、生活難、食糧難は、全くひどいものであった。中でも、肉親を戦争で失った遺族の苦しみと悲しみは、言葉で言い表しえないものであった。

神戸の中心部は、空襲によって壊滅的状況にあった。生き残った者、外地からの引揚者たちは、焼け残った廃材で、雨露をしのぐ仮小屋を建てたり、空き家を探してそこを寝床としていた。

神戸は、東西に長い都市で、南側は海に面し、北側は山（六甲山系）を背にしている。山麓に位置する地域は、幸いにも空襲を免れたが、中央部と海側とは、焼け野が原となっていた。わが家は、空襲にやられて灰塩に帰したが、家族は、長田区西部の、空襲を免れた小さい家に住んでいた。復員した私にとっては、寝る所があることだけでも、ありがたかった。

街には、路頭に迷う者、戦災孤児が、多数いた。戦災孤児らは、かっぱらい、くず拾いなどをしていた。犯罪や非行が、多発していた。警察の取締りは、とうてい手が及ばなかった。

軍隊帰りのわが身には、身に付けるものとしては、軍服と軍靴だけであった。軍服を着て街を歩いていると、呼びかけられて、「兵隊さん、どこから帰って来ましたか。わたしの息子は、〇〇方面（中国とか、東南アジア）に派遣されたらしいが、まだ帰って来ないんです」と尋ねられることが、しばしばであった。

入隊前に勤めていた会社を訪ねたところ、「あなたは、簿記・会計の勉強をしているから、経理部で債務整理など会社の再建の仕事をしてください」と言われた。しかし、私は、これを辞退した。「弁護士になって、及ばずながら、弱い人たちの力になろう」と思ったからである。

弁護士になるためには、大学の法学部に入学して勉強するのが、近道である。迷うことなく、京都帝大を受けることにした。学資と生活費は、アルバイトでまかなうことに決めた。伝え聞いたところによれば、大学（旧制）は三年制のところ、その倍の六年間は在学できるとのこと。「アルバイトをしながらでも、六年の間には、なんとか卒業できるだろう」と考えた。

一九四七年（昭22）三月、京大の入試を受けた。論文は、「自由と規律」という題。このテーマなら、答案を書くのは、苦労しなかった。英語は、訳文と感想を書け、というものであった。英語は、二回読んだら、全部わかった。英語には自信に近いものがあった。文中、'Bill of rights'（一六八九年、英国で制定）の'Bill of rights'（権利章典）が出ていたことを記憶している。正式訳語を知らなかったので、〝諸権利の法典〟と訳した。後日、この訳語はほぼ正解に近いことを知った。やがて、京都帝国大学法学部から入試合格通知が届いた。大学の名称は、四月から「京都大学」となった。

入学してみると、大学のキャンパスには、軍服姿の学生が、多く見られた。中には、「おー、〇〇少尉」、「ハッ、〇〇中尉殿」とあいさつする者もいた。彼らは、復員兵であった。そのうちの多く者は、陸士（陸軍士官学校）卒、海兵（海軍兵学校）卒であったようだ。軍服姿の学生は、ほかに着る服を持たなかったのであろう。

キャンパスには、学生があふれたが、春と秋の二回、卒業式が行われた。やがて学生の数が減り、キャンパスには徐々に正常な学園風景が訪れた。

入学したものの、食糧難はひどかった。食糧配給制が採られていたが、遅配・欠配が相次いだ。食券と称する配給切符がなければ、大学の食堂でも街の食堂でも食べることができなかった。ある日、大学食堂では、食券と引き替えに一回の食事分としてじゃが芋三箇だけの皿が出された。

このような食糧難のせいで、地方出身の学生は、郷里に帰って、試験だけ受けに来るということをした。ある日、教室で某教授が、「諸君は、何を食べていますか。私は、この一週間、米の飯を食べていません」と言った。京都は、戦災を免れた。京都在住の人は、着る物に困ることもなく、売り食いもできるのに、それでも食糧難は、きびしかったのであろう。某教授の言葉は、不思議に今も私の記憶に残っている。

空襲を免れた京都は、昔ながらの佇《たたず》まいを残していた。焼け野が原と化した神戸や大阪と比べると、まさに天国と地獄の違いがあるように思われた。京都の自宅から通学できる者は、戦災地から来た者に比べて実に恵まれた条件にあった。

2　佐々木惣一先生

法学部における講義の中で、最も印象に残るのは、佐々木惣一名誉教授の「憲法」の講義であった。佐々木先生は、戦後、京大に専任の憲法教授が空席になっているため、法学部の講義を補強するため、非常勤講師として来学しておられるのであった。

佐々木先生の「憲法」講義は、法経第一教室で、満員の学生に向かって、新憲法の理念と理論を諄々と説かれるものであった。佐々木先生は、一回の講義時間が九〇分であるのに、二時間も、時には二時間半も熱情を込めて講義を続けられた。満場の学生は、佐々木先生の学問的情熱に打たれて、真剣に講義を聴いた。

文化勲章を受章された佐々木先生の講義を聴くことができたのは、京大に学んだ者として生涯忘れることのできない幸せであった。

佐々木先生は、平素、次のように言われた。「私は、諸君を学者として遇します。意見や質問があれば、遠慮なく来てください」と。学生が、「……の点は、こう考えることができないでしょうか」と質問すると、先生は、言われた。「それは、ドイツの〇〇教授の説です。」また、他の学生が別の問題点につき、私はこうこう考えるのですが――」と質問すると、先生は、言われた。「良い質問です。君の意見は、ドイツの△△教授の説く理論です」

このように、佐々木先生は、学生を一人の学者として扱われた。その謙虚な学究的態度に、学生は、みな、深い敬愛の念をいだいた。そして、次のように話し合った。「いろいろ質問しても、それぞれ学説がちゃんとあるんだ。学問は、奥が深いなァ」と。

佐々木惣一先生
京大法学部第４教室前で

後日、知ったことであるが、佐々木先生は、鳥取県の出身であった。同じ郷里の大先輩として佐々木先生を尊敬する私の心には、深い喜びが湧いてきた。そして思った。佐々木先生の、あの清純で温容な学者的態度は、鳥取の風土に育まれたのであろうか、と。

佐々木先生の謙虚で、温かいお人柄は、随筆『道草記』亡き妻の霊に捧げる（一九五七年、甲鳥書林新社）によく表れている。先生は、この書の冒頭の随筆「到処是道場」において、次のように書いておられる。「道場は、到る処にある。教場も道場と同じである。・・・学生は、教場に於いては、講義を聴くことによって、知識を得ることの外、自己修養の舞台を与えられている。」

3　法律相談部

大学では、法律相談部に入部した。ここでは、大学構内の無料法律相談所または百万辺（大学西門前）の寺の中に設けられた相談所などで、毎週土曜日の午後、京都市内などから相談に来た人（来所者）から、まず、学生が事情を聞き、問題点を整理してそれを書いた相談票を主査である民法の於保《おほ》不二雄教授に回して、相談者に回答する制度が採られていた。学生は、於保教授の説明から、生きた法律学を学んだ。於保教授は、年間を通して、毎週土曜日の法律相談に出て、責任を果たされた。於保教授が公務出張などの場合には、京都や大阪に在住する先輩の弁護士が応援に来られた。

相談者は、新聞記事から京大の無料法律相談のことを知って来るのであった。相談内容は、民事事件が大部分であった。法律相談について、一つ記憶に残ることがある。於保教授（のち、文化功労者）が「相談者の言うことを信用するな」と言われたことである。

当時、法律相談部（略称、「法相」）に入部した者は、法相の草分けであった。今日では、法相出身者は千名を超え、その中には何人もの最高裁判事、学者が出るなど、各界で活躍している。

4　刑法学に興味

京大法学部の講義の中では、刑事法、特に刑法に興味を感じた。民事関係では、勝本正晃教授（民法）、竹田省名誉教授（商法）、大隅健一郎教授（商法。のち、最高裁判事）らの錚錚《そうそう》たる陣容の諸先生が講義を担当しておられた。これは、戦後、法学部再建のために復帰され、学部長になった瀧川教授（刑法）が空席になっている教授ポストを埋めるまで応援を懇請された結果であった。

しかし、私は、民法や商法の講義には、さほど興味を覚えなかった。というのは、神戸高商で民法や商法の講義を一通り聴いていたからである。神戸高商の民法、商法の教授陣は優秀な人がそろっていたし、他方、限られた時間内の講義では、京大で講義を担当された前記の諸先生方は、その学識のほどを披瀝されることもできなかったであろう。事実、同期の学生で、かつ法律相談部で親しくなった賀集《かしゅう》唱君（のち、裁判官となり、民事訴訟に関するすぐれた著述を公刊した）が、「竹田先生の商法の講義は、実にすばらしい。耳を傾けて聴いていると、噛《か》めば噛《か》むほど味が出るような講義だ」と語ったことがある。

残念ながら、私は、竹田先生の講義に数回出席したのみで、竹田先生の名講義を味わうことはできなかった。なんと言っても、私は、生活費と学費をかせぐためにアルバイトに追われていたのである。「ああ、毎日でも教室に出て、講義を聴きたい」と、何度思ったことか。

私は、刑法学に深い興味を覚えた。新しいものに眼を向ける性質のある私にとって、刑法は、民法、商法などとは違って、まさに興味津々の法分野であった。古来、「罪と罰」の問題は、社会の矛盾、人間の愛憎、欲望と苦悩や悲しみを織り込んだものであった。かずかずの名作の小説や演劇が、「罪と罰」をテーマとしたのは、うなづける。

刑法総論の講義は、滝川教授が担当された。一九三三年（昭8）、かの京大事件（「滝川事件」とも呼ばれる）で、学説が反国家主義的であるなどの理由で時の文部大臣（鳩山一郎）から休職処分（のち、免官処分）を受けた滝川先生が、戦後、京大に復帰されたのであった。その滝川先生が、かつて（一九三三年五月二六日）満場の学生らと訣別されたその法経第一教室で、刑法の講義をされたのである。

刑法学は、その犯罪論の理論構成がむつかしかった。論理学や哲学に通じる理論構成は、一面、幾何学に似たところがあるように感じられた。三回生（三学年）になると、「演習」（ゼミナール）をどれか選択受講することが、必須とされていた。私は、滝川教授の「刑法演習」を選んだ。

そのころ、私は、佐伯千仭《ちひろ》（元、京大教授）の偉大な業績である『刑法に於ける期待可能性の思想』上巻（一九四七年、有斐閣）と下巻（一九四九年）を、何度もくり返して読んだ。この書は、期待可能性（**Zumutbarkeit**）の理論の発祥地であるドイツを凌ぐすぐれた研究を集大成したものであって、まことに日本刑法学界に金字塔を打ち樹てたものであった。私は、深い感動をもってこの名著を読んで、刑法学の勉強に惹かれて行った。しかしながら、この偉大な業績を挙げられた佐伯先生がなぜ京大を去られたのかを知る由もなかった（これにつき、二六五頁以下をみよ）。

5　志願囚になる

京大在学中の最大の思い出は、一九四九年（昭24）四月、大阪刑務所に身分を隠して入り、一〇日間、志願囚の生活をしたことである。

その前年の秋、東京大学の団藤《だんどう》重光教授が、「刑事学」の集中講義に来られた。若くて颯爽として、学識の高い団藤先生の講義は、京大生の心を惹きつけるものがあった。先生は、その講義の際、東大法学部の三学生（鬼塚賢太郎、柏原允《まこと》、角田《つのだ》信三郎）が横浜刑務所で志願囚の体験をした話をされた。「志願囚」というのは、自ら志願して刑務所生活を体験し、それを自分の勉強、そしてできれば行刑改革の一端にでも役立てば、との気持ちから（偽の）受刑者となる人のことである。行刑当局と三学生との橋渡しをされたのは、団藤先生であった。そして、団藤先生は、横浜刑務所まで出かけて、三人の志願囚に面会された。

三人は、獄中で他の受刑者から「当局のスパイ（回し者）ではないか」と疑われて、袋だたきになりそうになり、夜、眠ることもできず、苦しい日々を過ごした。そして、後日、「団藤先生、二度と他の者に志願囚を勧めるようなことは、絶対にしないでください」と言ったそうである。このことを団藤先生は、はっきりと話された。

「刑事学」の集中講義の期間中のある夕方、学友の賀集君に誘われて、団藤先生が滞在しておられる左京区北白川のお宅をお訪ねした。そのお宅は、団藤先生の奥様の尊父であられる勝本正晃先生（民法学者）のお住まいであった。賀集君は、京大入学前、海軍経理学校の生徒であった時、団藤先生の講義を聴いたことがある由であって、「一緒に団藤先生にお眼にかかりに行こう」と私を誘ったのであった。

団藤先生と奥様は、私たち二人を快く迎えてくださった。四方山《よもやま》の話のすえ、私は、「志願囚をやってみたい」と申し上げた。しかし、先生は、「二度と他の者に志願囚を勧めるようなことはしない」という三学生との約束を肝に銘じておられるかのようであった。しかも、当時の刑務所は、どこも超満員で、乏しい食糧事情の折柄、所内生活は外部の者の想像しがたいほどきびしいものであったのだ（＊）。

＊　東大三学生の志願囚の体験は、一九七九年、鬼塚賢太郎著『偽囚記』として財団法人矯正協会から刊行された著書に、生々しく描かれている。

団藤先生のお話を伺って、私は、「おれも志願囚をやって見よう」と内心、考えた。もともと物好きで、ドン・キホーテ的性格の一面がある私は、「刑務所生活が苦しいと言っても、軍隊生活ほどのことはないだろう。ぶんなぐられることは、軍隊で何度も経験しているので、平気だ。まさか、半殺しにされることはないだろう」と、心中、思った。

さて、その後、いろいろ思案した。団藤先生に志願囚の橋渡しをお願いできないとすれば、どうしたものか。京大の平場安治《ひらばやすはる》助教授（刑事訴訟法。のち、教授）に相談した。平場先生は、当時、京都市警察本部長永田圭一氏（京大卒）に、この話を持ち出されたようである。永田本部長は、松江地方検察庁の検事正であったところ、戦後、日本民主化をめざす占領軍の方針にもとづいて自治体警察が創設されたのに伴い、警察改革の任を負う責任者として、乞われて京都市警察本部長に就任された人である。永田氏は、大阪高検の岡田（善一）次席検事（前、法務省行刑局長）に私の希望を取り次いでくださった。私は、「どうせ、刑務所に入るなら、西日本一の大阪刑務所がよい」と考えていた。岡田次席さんは、大阪刑務所の楠本順作所長（一九二八年、京大卒）に、この希望を取り次いでくださった。

一九四九年（昭24）の早春、私は、大阪刑務所（大阪府堺市）を訪れて、楠本所長に会い、「志願囚になりたい」との希望を申し出た。太っ腹の楠本所長（京大在学中に司法科と行政科の高文試験に合格）は、私の願いを快諾してくださった。後日、楠本所長から一枚のはがきが届いた。それには、筆で「四月五日の午後二時ごろ、お出でくだされたし」と筆跡あざやかに書かれてあった。

こうして、私は、一九四九年四月五日から十日間、大阪刑務所（以下「大刑《だいけい》」という。）で、身分を隠して志願囚の生活をした。こう書けば、「ほ、ほ――、そうだったか」と思われるかもしれな

志願囚のころの著者（1949年）

いが、実は、最初から生やさしい生活ではなかった。

所長室に伺うと、楠本所長は、有田（和一）保安部長と中西（武男）副看守長を呼んで、私を二人に紹介したうえ、言った。「有田君、いっさいきみに任すから、よろしく頼む。中西君は、日表（統計表）の方をうまくやってくれ。なァに、森下君のことは、だれも知らんのだから、ね。うん、そうだな。罪名は、窃盗罪で、刑期一年の初犯にしたら、どうかね」

「あの、所長さん、窃盗って、ぼくは何をやったのですか？　そのほか、いろいろ尋ねられたら、どう答えればよいのですか」

「そこらは、臨機応変にやれ。何も知らないほうがよい。では、行け」

「では、行ってまいります」と、ぼくは、中西副看守長に連れられて所長室を出ようとした。その時、所長の声。「森下君、きみは傷害保険に入ってきたかね。なに、入っていない？　そりゃ、きみ。無茶だよ。実は、昨日も工場でケンカをした者があってネ。小刀で相手の顔を三寸ほど（約一〇センチ）切った事件があった。志願囚をするからには、傷害保険を二つぐらい入っていないと、だめだねぇ」

「ほんとうですか」

「ほんとだとも。後輩のきみに向かって、かりそめにもウソは言わん。なにしろ、ここは五千人も入っている日本一はおろか、世界屈指の大監獄だ。それくらいのことは、毎日あるよ。きみ、どうするかね」

「ウーム。……困ったなァ。仕方ない。所長さん、行きますよ。ぼくも男ですから」

胸をドキドキさせて階段を降りながら、「本当ですか」と中西さんに尋ねると、中西さんがクスクスと笑った。その様子で、「やっぱりウソだ。所長に一パイ、かつがれた」、と気がついた。ほっと胸をなでおろしたものの、全く時が時、場所が場所だけに、寿命が三年縮まる思いがした。

6　独居房から雑居房へ

それからのことは、省略するが、事務棟を出て、鉄扉をくぐって行刑区域に入ると、拳銃を持った看守が数人いる。「あゝ、ここは刑務所だ。これから、どうなることか」と、私の胸は不安に高まった。保安部長（その後、管理部長、処遇部長と改称）は、所内の要領について何も教えてくれることなく、正規の入所係に私を引き渡した。こうして、私は、称呼番号二三一、四四〇番の受刑者となった。が、入所係の職員から尋ねられても、様子がわからず、刑務所用語はサッパリ。おかげで、怒鳴られ、叱られ、当初からさんざん。

最初の三日間、独居房（第33房）に入れられた。看守が厚い扉を閉め、施錠した。ガチャリという施錠の音が、心臓にひびいた。規律は、厳正。起居動作の要領が、サッパリ分からない。配食係の受刑者から食器孔に出す食器の並べ方が悪いとて、どなりつけられた。就寝時間になったが、枕がないので、洗面器を裏返えしにして、枕代わりにした。掛けふとんは薄くて、夜は、冷え込んだ。刑務所は、定員二倍の過剰拘禁のうえ、戦後の物資不足のため、この有り様であった。

翌日、新入者の身上調べがあった。これは、入所までにどのような身持ち、不行跡があったかを調書にまとめるため、事情を聴くというものであった。ところが、調査担当の受刑者から、こっぴどく叱られた。彼いわく、「ここ（刑務所）に入る者は、酒か女かバクチ（博打）で身を持ちくずした者だ。お前は、酒飲みでもなく、女もバクチも知らない、というウソをついている。隠しごとをしていて、素直でない。刑務所に来たからには、心を入れ替えろ」

彼は、本気で、私に「心を入れ替えろ」と迫った。私は、「ハイ」と答えて、頭を下げるばかりであった。

四日目から、雑居房（共同室）第1号房に移された。この舎房は、八人定員（その後、規制改正により六人定員）の広さであるのに、私を含めて一九人が寝起きするという、超過密。夜、寝る時、文字どおり身体をくっつけ合う有り様。寝返りをすると、同房者の腹や脚にぶつかる。

桜の咲く気節にもかかわらず、朝起きて見ると、花冷えのせいで外はひんやりしているのに、舎房の窓ガラスの内側は、人の息切れのせいか、くもっている。

同房者は、ほとんど全員が強盗罪で、懲役五年、七年、十年の受刑者。強盗致傷で懲役十五年の者もいた。世間では、強盗と言えば凶悪犯人と思われているが、同房者は、みな、戦後の混乱期に仕事はなく、食べ物もなく、生活に困って犯行に出た、という者であった。その多くは、二人か三人で通行人に暴行を加えて金品を盗ったとか、空巣に入ったところ見つかった者であった。彼らは、一様に、「おれは、バカだった。それにしても、強盗の刑は重いなァ」と語った。同房者の中には、「酒か女かバクチで身を持ちくずした者」は、いなかった。

（後日、気づいたことだが、有田保安部長が質の良い初犯受刑者のそろっている雑居房に私を入れるよう、配慮してくださったのである。）

困ったのは、「おっさんは、どんな罪を犯して懲役一年になったか、聞かせてくれ」

大阪刑務所の雑居房（第１号房）（1980 年　大刑訪問の時）写す

と、同房者から尋ねられることであった。私は、「好きな娘に貢《みつ》ぐため百貨店で宝石を盗んだところを、現行犯で捕まった」と答えた。しかし、同房者は、「それだけで刑務所に入るはずがない。おっさん、いくつも盗みをやっただろう。すうちゃん（彼女）は、ベッピン（美人）さんか。明日、その話を聞かせてくれ」などと言った。私は、夜、ふとんの中で、「明日は、どういう盗みの話をしようか。いい加減な作り話では、すぐばれてしまう。（ウソを上手につくのは、本当にむつかしいなァ）」と、しみじみ感じた。

昼は、洋裁工場で作業。私には、Yシャツのボタンを縫い付ける仕事が割り当てられた。この工場は、なんと二六〇人が働く大工場なのに、監督の担当刑務官は、たった一人（＊）。彼は、口数の少ない温厚な人で、受刑者全員から「おやじ」と慕われていた。

（＊）当時は、職員数が少なく、しかも過剰拘禁のため、一工場二六〇人という処遇方式はやむをえなかった。

受刑当初、「これから、どうなるか」と、不安でいっぱいだったが、スパイと疑われることもなく、無事、一〇日間の志願囚生活を終えた。スパイと疑われなかったのは、私が（東大生のように三人一緒ではなく）単独で行動したこと、関西弁を話したこと、かつ、楽天的であったことによるかもしれない。

有田保安部長（その後、高知刑務所長）に連れられて所長室に行くと、楠本所長が言った。

「あれ、もう出て来たのか。せめて一か月入っていないと、刑務所のことはわからんよ」

「明日からアルバイト、そして勉学しなければなりませんので……。所長さん、こんなひどい過剰拘禁で、よくもまァ、暴動が起こらないものですね。……良い勉強になりました」

これは、わが人生で最も思い出に残る貴重な体験であった。この体験の様子をくわしく書いた手紙を団藤先生に差し上げたところ、先生から、「お手紙を拝見して、深い感動を覚えました。記憶の薄れないうちに、体験を綴っておいてください」という、お便りをいただいた。

7　京都の警察留置場

志願囚を終えて、「さァ、これからアルバイトと勉学だ」と思っていたところ、思いがけない事の成行きで、京都市内の二つの警察留置場と京都拘置所で、志願囚生活をすることとなった。というのは、京都市警の永田本部長が、「警察の民主化を図るため、第一線の警察署における被留置者の取扱いの実情を探ってほしい」と、私に強く頼むのであった。

大阪刑務所での志願囚の件でお世話になったご縁があるので、私は、断わることもできず、「では、一晩だけなら」ということで、某日、京都御所《ごしょ》の西隣にある中立売《なかたちうり》警察署に、〝窃盗の現行犯被疑者〟として入れられた。この警察署は、御所の西隣にあって環境が良いせいか、留置場に入れられている者は定員の約半分で、しごく平穏。ところで、一昼夜が経過するというのに、約束に反して、防犯課の児島（時光）課長は、私を引き取に来ない。私は、翌日、アルバイトの約束があるので、困った。そこで、留置場の担当警官に、「本部防犯課の児島課長にすぐ森下を引き取るように伝えてくれ」と何度も頼んだ。だが、担当警官は、「こいつは、頭がいかれている（頭がおかしい）」とばかり、全く取り合ってくれなかった。

二日経って、防犯課員が私を引き取りに来た。児島課長に、「一晩の約束だった」と言ったところ、課長は、言った。「一晩だけでは、様子を探るのに不十分だと考えたので、二晩、泊める（留置する）ことにした」

「これで、終り。さァ、勉強」と思っていたところ、再び永田本部長から、「中立売署の留置場は、平穏だったらしいな。すまんが、京都駅前の七条警察署の留置場に入ってくれたまえ。一晩だけでよい。あそこは、暴力団員はじめ、千客萬来のはずだ」と、またも懇望された。お世話になった人から頭を下げられると、「イヤ」とは言えない。

という次第で、五月、京都駅前の七条警察署の留置場に一晩入った。「そーか」と思われるであろうが、七条留置場には、苦《にが》い思い出がある。市警察本部で、児島課長にガチャリと手錠をかけられ、部下の運転するオートバイの後部に乗せられ、都大路を走った。私は、振り落とされないよう、必死にオートバイにつかまっていた。七条警察署に到着してオートバイから降ろされた。駅前の大通りのこととで、たくさんの通行人がいる。その中をかき分けて警察署に入ったのだが、手錠をかけられた姿を見られるのは、恥ずかしかった。その思いは、その後、七条警察署の前を通るたびによみがえってくる。

8　京都拘置所

さて、七条警察署の留置場は、まさに千客万来で、満員。そのくわしい様子は、拙著『若き志願囚』（矯正協会、酒井書店刊）に書いた。七条警察署での体験を永田本部長と児島課長に話して、「さあ、これからはアルバイトをしながら勉学に専念だ」と思っていたところ、やがて、またも永田氏から、声がかかった。「森下君、画龍点睛ということがある。どうだ、京都拘置所で志願囚をしてみないか。拘置所の実情を知ることは、大切だ。そうすれば、小学校（警察の留置所）から大学（刑務所）までの課程を終えることになる。わたしが若ければ、自分自身、志願囚をやるのだがネ」とか、なんとか。私は、多忙だからと言って、辞退した。が、物好き男の永田本部長は、なかなか矛《ほこ》を収めない。またもや、私は、断わりかねて、とうとう京都拘置所で一週間、志願囚の生活をした。京都拘置所との橋渡しは、すべて永田氏がやってくださった。

永田氏は、志願囚の体験をくわしく書き留めるよう、私に要請した。体験記を書くのは、簡単ではなかった。というのは、私は、正確を期するため、大阪刑務所と京都拘置所に何度も通って、建物の配置、処遇規制、食費、作業報酬のことなどを、体験記の各所に織り込むことを期したからである。単なるルポルタージュでは、客観性に欠けると考えたからである。

裏づけ資料のある体験記をと念じて、夜遅くまで原稿書きをしていると、ハッと気が付いた。司法試験を受けるつもりであったのに、その出願手続も受験勉強もしていなかったのである。「こうなったら、司法試験を受けるのは、来年だ」と考えた。

9　奈良少年刑務所での貴重な体験

その夏の一か月間、奈良少年刑務所でボランティア職員として、名誉寮（仮釈放前の受刑者を入れる開放施設）で、少年受刑者たちと起居を共にしながら行刑処遇の理論と実務の勉強をした。これは、赤塚孝所長（京大卒）の温かい配慮の賜物であった。

一九〇八年（明41）竣工の奈良監獄以来の歴史をもつ奈良少刑は、重厚な赤レンガ造り。昔、重罪犯人を収容していたせいか、独居房が多い。定員九七三名（被告人を含む）のところ、赤塚所長が着任した一九四七年（昭22）四月には約一七〇〇人のあふれんばかりの数の被収容者がいて、（仮釈放が遅いなどの理由で）暴動寸前の不穏なふん囲気があった。赤塚所長は、仮釈放促進に努力するとともに、自治制度、科学分類、職業訓練などの制度を創設し、仮釈放前の者に開放処遇をほどこす「名誉寮」制度を実施した。少年たちは、所長を父のように慕っていた。

そうした愛情に包まれた奈良少刑の名誉寮で、私は夏の一か月を少年たちと文字どおり起居を共にすることによって、得がたい勉学と修行をすることができた。奈良少刑には、かずかずの、心を打つ人間ドラマがあった。それらのことは、多感な私の胸にひびいた。私は、それを体験記として綴った。その一つを拙著『若き志願囚』の中から紹介しよう。

　ある少年は、久しぶりに面会に来た母親がやつれ果てているのを見て、面会室で、「お母さん、赦して……」と言ったり、母親とともに泣くばかり。その夜、彼は、日記帳に次の歌を書いた。

かくまでに背けるものを捨てえざる
　一人の親の老いませるかな

奈良少年刑務所

　少年の父は、戦死したのであろうか。残された母は、戦後の生活難の時代に、苦労してやっと生き延びてきたのであろう。息子が罪を犯して獄舎につながれても、母はわが子を捨てることはない。私は思った。この少年は、りっぱに更生するであろう、と。

　奈良の星空は美しい。星を仰いで自然の神秘に驚嘆と畏敬の念をおぼえるとき、私は、この地上の、生きがたい人生に思いをはせる。ある日の夕刻、名誉寮生の一人に、「ケサチチビョウシス」（今朝、父、病死す）の電報がきた。

「ああ、お父さん。なぜ、あと三日、ぼくが釈放になるまで生きてくれなかったのだ！」

少年は、声をあげて男泣きに泣いた。やさしく肩に手をかけて、慰める川本（毅）教官（龍谷大学卒）の眼にも涙があった。

奈良少刑で過ごした一か月の間に、私は、こうした心を打つ情景を幾度か見た。その都度、私は、感動を克明に綴った。

10 『若き志願囚』を刊行

団藤先生からいただいた一枚のはがきのご意向に従って、私は、大阪刑務所から奈良少刑に至る志願囚の体験をまとめようと、毎晩、夜遅くまで机に向かった。勉学とアルバイトに追われる身にとって、みずからきびしい仕事に取りかかったのであるが、書くことは、楽しみでもあった。

体験記の原稿を京都市警の永田本部長のお眼にかけたところ、永田氏は、「これを出版してはどうか」と言われた。永田氏は、自分が大刑のみならず、警察の留置場と京都拘置所での志願囚を世話した経緯もあって、出版の話を持ち出されたのであった。一学生の身にとって出版のことなど夢想もしていなかったのであるが、永田氏の熱意にほだされて、私は、「よろしくお願いします」と言った。

こうして、一九五〇年（昭25）三月二五日、拙著『若き志願囚』が、京都市治安協会連合会から刊行された。この日は、ちょうど卒業式の日であった。この書は、京大文学部の中村直勝教授（日本史）が京都新聞に推薦のことばを書いてくださったこともあり、また、活字に飢えていた当時の社会の反響を呼んで、かなりの部数、刊行された。

第四章　大学院、岡山大学

1　大学院に進む

大学卒業後、大学院（旧制）に進んだ。というのは、三回生の終りごろ、「大学院特別研究生の募集」の掲示が出ていたので、応募したところ、採用されたのである。実のところ、司法試験を受ける機会を逸したので、さほど明確な目的意識もないまま特別研究生の募集に応じたのであった。ところが、人生は、思いがけぬ成行きによって別の航路へと進むことのあるものである。それは、神のおぼし召しであるのかもしれない。ともあれ、これがきっかけとなって、私は、学究の道を歩むことになった。

大学院といっても、（新制の大学院とは違って）格別の授業がある訳ではなく、自分で専攻の勉強をするのみである。指導教授である滝川幸辰《ゆきとき》先生は、学部長として超多忙。私は、先輩の指導を受けながら、刑法理論の研究を手さぐりで始めた。

2　緊急避難のテーマ

私が選んだテーマは、緊急避難（Notstand, état de nécessité, necessity）であった。緊急避難（日本刑法三七条）は、刑法の小宇宙（Mikrokosmos）と呼ばれているほど、いろいろな法理論が入り混じっていて、学説は錯綜している。そのゆえか、わが国には当時、本格的研究はなかった。

緊急避難の代表的な事例は、「カルネアデス（Carneades）の板」と呼ばれる遭難の場面である。ギリシャの哲学者カルネアデスは、次の設問を発した。「船が難破して海に投げ出された二人の者が、一枚の板にたどりついた。その板には、一人の重さを支えるだけの浮力しかない。一方の者（A）が生き延びるために、他方の者（B）を海に突き落とした。そのため、Bは溺れて死んだ。Aは、有罪か無罪か。その理由づけは、なにか」

以来、この設問は、哲学、神学、法律学などにおいて論ぜられ、多くの学説がくり展げられてきた。二千年にわたる学説の系譜をたどることは、容易な仕事ではなかった。幸いにも、京都大学には、多くの外国文献が所蔵されていた。それらをひもといてみると、ギリシャ語は別論としても、ラテン語の壁にぶつかる。一八世紀ごろまで、ヨーロッパにおける共通の学術用語は、ラテン語であったからである。

学問をするには、語学の勉強が大切。そこで、京大からほど遠からぬ地にあるドミニコ会の聖トマス修道院に併設された聖トマス学院（上京区河原町広小路）に通って、ドイツ語の勉強をした。

ここでは、少人数グループの充実した授業が、大学教授によって行われた。そして週一回、夕方の時間に、碩学エグリ（Egli）神父（スイス人）による一般人対象の聖書講義が開かれた。一〇か国語を自由に話すエグリ神父のすぐれた講義を聴いているうち、私は、カトリック（catholic）――「普遍的」「公教の」という意味――の世界へと導かれた。

大学の西隣にある京都日仏会館で、フランス語を学んだ。講師陣は、フランス人、京大仏文科教授ら、一流の方々であった。ここでの勉強が役立って、森下訳『フランス刑法典』（法務資料三四三号、一九五六年）の翻訳をすることができた。日仏会館では、京大文学部教授によるラテン語の授業も行われていた。それを受講したのだが、中級の講義には、ついて行けなくなった。

イタリア語の勉強には、東京・神田の古本屋で見つけた伊仏＝仏伊大辞典を参考にした。当時、良い伊和辞典が刊行されていなかったからである。イタリア語は、スペイン語とともにラテン系の言葉であるので、文法書をひもといて勉強することができた。理解できない箇所については、京大文学部イタリア語科にたびたび足を運んで、教えを請うた。おかげで、イタリア語科の野上素一教授はじめ諸先生と懇意になった。

後年、森下訳『イタリア刑法典』（法務資料四三三号、一九七七年）の刊行やイタリア刑法に関する多くの論文を公にしたが、それは、大学院時代に学んだイタリア語の産物である。イタリアは、「刑法の祖国」（patria del diritto penale）と呼ばれている。一二世紀、ヨーロッパ最古の大学といわれるボローニア（Bologna）大学で開始された立法および法理論の研究成果が、諸外国に大きな影響を与えたからである。

しかしながら、大学院在学中、滝川教授をはじめ先輩らから「森下は、語学ができない。アタマが良くない」とさんざん言われた。このことは、今日、私が正直に話しても、「冗談でしょう」と一蹴されて、だれも信じてくれない。

3　師の説を批判

京大大学院では、刑法研究室（赤レンガの研究棟二階の北西にあった）で、時々、刑事法関係の者が集まって研究報告や勉強会をした。大学院一年の終りごろ、「どんな研究をしているか」を各自、簡単に報告することになった。滝川教授も、それに出席された。

私は、ドイツのヘンケル（Henkel）教授の『緊急避難の法的性質』（Die Rechtsnatur des Notstandes, 1972）に拠りつつ、緊急避難の不可罰性の根拠としては、責任阻却の場合のみならず、超法規的に違法性が阻却される（すなわち、行為が適法とされる）場合がある、との考えを述べた。例えば、山岳登山をしていた者が、天候急変のため下山しようとしたが道に迷い、飢餓状態に陥ったが、やっと麓のりんご畑にたどりつき、りんごを一箇取って食べようとした。このとき、りんご畑の所有者は、正当防衛を理由にしてかの登山者を突き飛ばすことはできない。登山者がりんごを取って食べる行為は、超法規的に違法性が阻却されるとの、日本における新説を述べた。

　これを聞いた滝川教授は、憮然として言われた。「ヘンケルは、わしがドイツに留学していた当時、〇〇教授のところで助手をしていた。大した奴じゃない。緊急避難の本質は、どの説を採ってもうまくゆくはずがない。それなら、簡単な説が、良いのだ」

　滝川先生は、自分の主張する責任阻却一元説を駆け出しの私が批判したことに立腹されたのである。私は、ただ沈黙した。そして、内心、次の二つのことを思った。

　その一。ヘンケル教授は、緊急避難に関するいくつもの著書・論文を発表している。しかるに、滝川先生は、不可罰性要件を異にするドイツ刑法の規定にもとづくM・E・マイヤーの説にならったままでだ。しかも、滝川先生は、緊急窃盗（Notdiebstahl）の行為者には期待可能性がないとの理由で刑事責任の免除を認めている（『刑法学周辺』六五頁）。そうだとすれば、飢死を免れるためにせよ、食物を盗る行為であるので、食物の所有者は、正当防衛をすることができる。そうなると、一箇のリンゴとか一片のパンの方が窃盗犯人の生命よりも尊い、という不合理な結論に導かれる。緊急窃盗の場合は、哲学者ヘーゲル（Hegel）の説のように、行為者の側に緊急権（jus necessitatis, Notrecht）が認められるべきでないのか。

　その二。佐々木惣一先生であれば、恐らく、「きみの法理論には相当な理由がある。その考えをもっと深り下げて研究してください」と言われるであろう。

大学院二年の終りに、私は、「緊急避難の本質」と題する論文を書き上げた（この論文は、刑法雑誌四巻二号〔一九五三年〕に所載）。この論文を中核としながら、それに関連する論文「強制状態と緊急避難」を収録した書は、『緊急避難の研究』日本刑法学会選書(5)（一九六〇年、有斐閣）として刊行された。この書は、つきせぬ想いをこめて、亡き母にささげた。それが、私の学位（旧制の博士）論文となった。

4　カトリックの洗礼を受ける

大学院に進んで、京大近くの聖トマス学院で碩学エグリ神父の聖書講義を聴いたことは、信仰に入る導きとなった。聖トマス学院では、山田晶氏（一九二二―二〇〇八年）らの若手研究者グループが、聖トマス・アクィナス（Thomas Aquinas, c. 1225–1274）の『神学大全』（Summa Theologica）の研究と翻訳をしていた。私は、山田氏を親しみをこめて「山田さん」と呼んでいたが、その山田さんから信仰と学究の道において大きな導きにあずかった。

敬虔なカトリック信者である山田氏は、毎晩、聖書の一章をギリシャ語、ラテン語、英語、フランス語およびドイツ語の五か国語で読んでから就寝したそうである。山田氏は、修道僧にもたとえられるような方で、世俗に超然として学問一筋の生活をしていた。そして、大阪市立大学教授を経て、京大教授となられ、わが国における西洋中世哲学研究の第一人者となられた。聖トマス・アク

たかとり教会の「奇跡のイエスズ像」

ィナスの『神学大全』の翻訳、『聖アウグスティヌス講話』（大仏次郎賞を受賞）など、多くのすぐれた著述を遺された。

京都では、古屋司教が毎週、市内の教会で行われる「教理入門」の講話を、興味深く聴いた。その博学で、しかもユーモアあふれる古屋司教の講話によって、私は、禅宗とカトリック教とは相通じるところがあること、現に、神父や信者の中には参禅している者があること、茶道の作法には、カトリックのミサ典礼に相通じるものがあることなどを知った。

このような導きを受けて、私は、一九五一年一二月二四日（クリスマス・イヴ）、神戸のカトリック鷹取教会（現、たかとり教会）で、パリ外国宣教会のスイス人神父から洗礼を受けた（霊名は、パウロ）。私は、毎週末、この教会近くに住んでいる兄の家族のところに帰り、日曜日にこの教会に通っていたからである。

（あとがき） 一九九五年（平11）一月一七日、阪神淡路大震災が発生。鷹取教会は、その敷地内にあった幼稚園、聖堂と伝道館が猛火に包まれて全焼。奇跡的にも、司祭館とその西隣の建物は、火災を免れた。聖堂のすぐ南側にベトナム人信者（約二〇〇人）が募金し、母国から取り寄せて建立した等身大のイエズス像（コンクリート製）が、猛火を食い止めた。火の手がイエズス像に迫った時、風向きが変わったのである。この像は、マスコミによって「奇跡のイエズス像」として報道され、有名になった。

震災発生後、各地から大学生ら若い男女が、自発的に鷹取教会にやって来て、被災者の救援活動を開始した。六五〇坪の面積をもつ教会は、大きな救援基地となった。

これらのボランティアたちの大部分は、未信者であった。その中には、オートバイに寝袋などを載せて遠い地域から駆けつけた若者もいた。男子のボランティア（愛称は、「ゴリラ」）は、倒壊建物の撤去、バラック小屋造りをすると共に、倒壊建物の廃材を集めて二階建ての仮住まいを建てた。それを指揮したのは、教会の若い神田裕神父であった。神田神父は、昔、大工仕事をしていたことがあるので、学生らを指揮した。作業服姿の神田神父は、しばしば大工の親方と間違われた。

女子のボランティア（愛称は、「うさぎさん」）は、被災者の介護、全国から続々と送られてくる救援物資の仕分けと分配をしたほか、毎日三〇〇食ないし五〇〇食の炊き出しをした。後日、「あの炊き出しがなかったら、わたしは生きていなかったでしょう」とお礼に来る人が、幾人もいたそうである。

たかとり教会のある長田区は、震災の被害の最も大きかった地域であるが、そこには一八か国の外国人が居住していた。たかとり基地の救援活動は、人種、国籍、宗教のいかんを問わず、すべての被災者に公平に行われた。外国人への救援情報の伝達は、当初、この教会内に設けられた無許可のFMラジオ局によって行われた。言葉の数は、三か国語から、一〇か国語にまで増えた。それを担当したのは、日本人と外国人のボランティアであった（一年後、この放送は、正式に認可された）。

震災発生後、在日コリアンたちの脳裡に浮かんだことは、かの関東大震災（一九二三年）の折、「朝鮮人が放火した」というデマが拡がり、自警団によって多数の朝鮮人が殺害された悲劇であった。――このことを、後日、韓国人たちは語った。

震災から一〇日後、鷹取救援基地に「まちの保健室」が、全国のカトリック系病院の医師らで結成されているカトリック医療施設協会（医療協）のボランティア医師・看護師らによって開設された。延べ五〇〇人にのぼる医師・看護師が交代で、内科・外科などの診察・治療を続けた。受診する人は、被災者、高齢者などのほか、建築作業を手伝うボランティアのけが人もいた。この「まちの保健室」は、現在、NPO「リーフ・グリーン」として受け継がれている。

たかとり救援基地で働いたボランティアの数は、延べ四千人を超えた。彼らは、その活動を通して、「奉仕させていただく」喜びを実感した。彼らは、それを「たかとり体験」と呼んで、救援基地の広報パンフレットに載せている。「ここで働いた体験は、一生忘れることのできない貴重なものでした」、「わたしの一生の宝であり、かけがえのない仕事でした」など。彼らは、たかとり救援基地に別れを告げる時、「ありがとうございました」と涙を流した。――私は、幾度となくたかとり教会を訪れたが、教会の関係者や、今なお一〇か国語でＦＭ放送を続けているボランティアの人たちから、その話を聞いた。

こうして阪神大震災で始まったボランティア活動は、わが国における「ボランティア元年」の始まりといわれている。

5　岡山大学助手となる

一九五二年（昭27）四月、岡山大学助手となった。岡山大学は、（旧）岡山医科大学、六高（第六高等学校）などを母体としていわゆる新制の総合大学として発足した。しかし、法学関係では母体となるものがなかったので、（旧）六高の文科と合わせて「法文学部」として出発した。

法文学部長は、渡辺宗太郎　元京大教授（行政法）であった。六法関係の専任教員は充足されていなかったので、京大の助教授陣が毎月一回、集中講義に来ておられ、刑法の講義は、京大の平場《ひらば》安治助教授が担当しておられた。その関係で、渡辺学部長の要請を受けて、平場先生が私を推薦したのであった。

岡山駅に降りて見ると、市街の中心部は、空襲にやられた跡が痛々しく残っており、駅前には靴みがきをする戦災孤児たちがいた。大学の津島キャンパス（約二〇万坪）は、旧軍隊の連隊所在地であった。市内の道路は、舗装されていなかった。大学の図書館や資料室には、刑法関係の書物は皆無であった。そのような次第で、私は、教授会の承認を得て、京大で一年間、内地研究という形で、勉強することができた。――一年後には、専任講師に昇格させるという、了解付きで。

この内地研究の期間、私の関心は、犯罪論の理論的構築というよりも刑罰論に向けられた。刑法の条文の解釈論よりも、どのような刑罰体系、犯罪者処遇方策を講ずべきかが重要であると考えたのである。これに関しては、ドイツのリスト（Franz v. Liszt, 1851–1919）の見解が有益であったが、それ以上にイタリア実証学派（Scuola positiva）の諸学説が新鮮にひびいた。京大の宮内裕助教授は、その「刑事学」の講義でドイツ語文献にもとづく実証学派の紹介をしたのみであって、「その後、実証学派は、どのように発展して行ったか」は、全く論及されなかった。当時、京大の刑事法関係の教官は、ドイツ法一辺倒であった。

そこで、私は、イタリア刑法学が第二次大戦後、どのように発展しているかをイタリア語文献によって勉強しようと考えた。だが、当時、イタリア語文献の入手は困難であった。法務省に一九四九年イタリア刑法草案（理由書付き）があると聞き、それを拝借して手書きで書き写し、一心にこれと取り組んだ（当時、コピーの器械は、まだ市販されていなかった）。その研究成果は、「イタリアの一九四九年刑法予備草案について」（刑法雑誌五巻三号、一九五三年）として公表された。

ところで、一九五二年当時、岡山大学法文学部では内紛が続いていた。一口で言えば、文科の東大卒の教授連が、「法科の教員人事は京大系が多い。それを全部、東大系に入れ替えろ」というものであった。この内紛にいや気を差した渡辺学部長は、他大学に移った。その後任には、ドイツ語のO教授（東大卒）が就任。そして、東大の団藤教授に刑法の教授の推薦を依頼した。

一九五四年の一月ごろ、O学部長は、京大の滝川教授に「森下助手の能力いかん」を問い合わせた。滝川教授からその回答が届き、教授会で披露された。その内容を、教授会の後、民法のF教授から聞いた。驚くべし、滝川書簡の内容は、「森下君は、語学ができない。能力もない。京都大学の刑法講座を背負って立つのは、桂静子（のち、木村静子）さんである」というものであった。この滝川書簡が披露されるや、教授会は、紛糾した。一方の者は、「能力のない者を専任講師に昇格させるべきでない」と言い、他方の者は、「本件と関係がないのに、京都大学の刑法講座を背負って立つ者は……さんであるなどという滝川教授は、どうもおかしい」と反論したそうである。結局、採決は、次回に延期になった。

その状況下で、漢文の林秀一教授が、（六高で団藤を教えたことがある……という理由で）、団藤教授に〝森下君の能力いかん〟を問い合わせる手紙を出された（私は、林教授と全然、面識はなかった）。団藤教授から、林教授に書簡が届けられ、次回の教授会で披露された。その様子を、またも民法のF教授から聞いた。それによれば、団藤先生の書面の内容は、次のものであった。「森下君は、英、独、仏語のほかイタリア語もやっておられる。『若き志願囚』という体験記は、それ自体、貴重なものだ。私は、O学部長から〝刑法の教授を推薦してほしい〟と依頼されたので、森下君のほかにもう一つの教官ポストがあると思ってN君を推薦したのであって、森下君を排除する気持ちは、毛頭なかった。」

結局、教授会は、愕々の議論のすえ、投票に入り、一票差で、森下助手の専任講師への昇格が可決された。その時、時刻は、すでに午前零時を過ぎていた。

これは、双方《すごろく》にたとえれば、岡山大学における振り出しであった。実は、そのころ、母校である兵庫県立神戸商科大学（神戸高商が昇格）から、「経済刑法」の講座を設けるから母校に来てほしいという話があり、また、団藤先生からは、某大学から刑法の教員の推薦を頼まれているので、お気持ちがあれば、そこに推薦しますとの申し出があった。さらに、法務省矯正局長の中尾文策氏から、「将来の日本矯正界を背負う人としてお迎えしたい。ぜひともお願いする」との、懇篤な招聘があった。どのお話もありがたかった。だが、私は、岡山大学で自分の好きな勉強をしようと思って、辞退した。

岡山は、私にとって格別の縁がある土地ではなかった。しかし、吉備の国は、大和地方（奈良県）と並んで古墳の多い地方であって、文化的遺産に富んだ所であった。そして、カトリック岡山教会で布教しておられるスクート会（淳心会）（本部は、ベルギーのスクート市にある）の神父の中には、教会法の研究をしておられるデフールニイ（Defourny）神父がおられた。この神父は、私が質問に参上すると、緊急避難論に大変興味をもたれた。そして、古代から中世、そしてそれ以降における緊急避難に関するラテン語文献の解読につき貴重な指導をしてくださった。私は、デフールニイ神父から引き続いて教えを受けたい、と思った。そのほか、備前焼の本場である岡山には、「土をひねる会」というのがあって、人間国宝の先生が指導していた。私もこの会に入会して、土をひねって作った茶わんを窯元で焼いてもらっていた。備前焼には、心を惹かれるものがあった。

もう一つ、心を惹かれることがあった。岡山は、日本で最初に孤児院を創設し、「児童福祉の父」といわれる石井十次（一八六五年―一九一四年）が一八八七年（明20）、孤児教育会（後の岡山孤児院）を設立した地であった。

石井十次（宮崎県生まれ）は、一八八二年、医学を学ぶため岡山市に来て、二年後、岡山基督教会で洗礼を受けた。彼は、国の内外からの寄付金を受けて、岡山孤児院を運営した。一九〇四年（明37）には日露戦争による戦争孤児六三名を受け入れたのに続いて、二年後には東北地方の凶作による孤児八二四名を受け入れた。当時、東北地方の駅には「岡山ゆき」と書いた紙を首にかけられた孤児が遺棄されており、それらの子どもは、岡山孤児院に届けられた、と伝えられる。岡山孤児院の収容者は、一、二〇〇人を超えたことがある。

こうした伝統は、今日もなお岡山に受け継がれている。岡山市内にあるカトリックの聖園《みその》天使園、聖園子供の家、聖園乳児院が、それである。市民は、これらの児童養護施設を運営する修道女を尊敬し、援助している。生涯を神にささげて司牧、教育、社会福祉の仕事にはげむ聖職者や修道者が市民から愛され、尊敬されているのである。

（あとがき）　京大の滝川教授が岡山大学法文学部長に宛てて、なぜ、「森下は語学ができない。能力がない」などという手紙を出したか。それには、次のような事情がある。

第四部で述べるように、一九三三年（昭8）の京大事件（「滝川事件」ともいわれる）では、法学部の教官は退官組と残留組とに分かれて、事件は決着した。滝川は、残留組に対して激しい応報感情をいだき続けた。その残留組の一人であった渡辺宗太郎教授が、戦後、岡山大学法文学部長となり、また、残留組の一人であった宮本英修《ひでなが》教授（刑法）の弟子である平場助教授が岡山大学に非常勤講師として講義に行っており、その上、平場助教授の推薦で森下が岡山大学助手になった。これは、許しがたい。――ということのようである。

なお、桂静子（のち、木村静子）は、滝川の推薦で京大助教授となったものの、目ぼしい業績を挙げることができないまま、京大を去った。

6　助教授に昇格

専任講師に昇格してから二年後の一九五六年（昭31）、私の昇格人事が教授会で議せられた。教授会の後で、民法の教授から聞いたところによると、西洋史のH教授（東大卒）が、「森下氏は、旧制高校ではなくて、高商卒の片輪だ」と言ってケチを付けた。行政学のM教授（東大卒）が、「森下氏は、カネ儲けを学ぶ（商業）学校の出身だ」と言って、昇格に反対した。しかし、昇格は、可決された。

当時、新制大学は、巷間、「駅弁大学」ともいわれた。駅弁を売っている駅のあるところ大学あり、という訳で、各地に出来た新制大学を揶揄《やゆ》した言葉であった。そのころ、田舎大学では「東大卒」というレッテルは、張り子のようになにがしかの効き目があったのか。それとも、本人がそれしか威張ることがなくて、東大風《かぜ》を吹かせていたのか。二代目の学部長をつとめたO教授（ドイツ語）は、「わしは、東大ドイツ語科を一番で卒業した」と吹聴していた。聞くところによると、O教授の卒業時、ドイツ語科の卒業生は一人であった。

ともあれ、バカらしくて話にならないが、これも敗戦後の復興が緒についたばかりの日本の一断面であった。だが、法文学部にも、学究肌の教員は、少なからずいた。漢文の林秀一教授は、「孝経」の研究により、岡山県文化賞を受賞された。英語の安藤正瑛教授は、誠実な人柄の学者であった。某日、私は、安藤教授に尋ねた。

「英語では、'be' 動詞が I am. You are. He is. のように変化します。これは、ラテン語の動詞が一人称、二人称、三人称、単数、複数で変化することの影響を受けたのではないでしょうか。英語は、ラテン系とゲルマン系の言葉から生成したものだと聞いています。」

これに対し、安藤教授は、答えた。「申し訳ありません。そこまで勉強していません。これから勉強します」

7　結婚

助教授に昇格した一九五六年の五月、結婚した。妻郷美《さとみ》は、京都の聖トマス学院の聖書講義に出席していた京都女子学園の英語教員　竹森修氏（のち、京大教授）が、「うちの高校の音楽科に芸大（東京芸術大学）卒の良い先生がいます」と言って、紹介してくださった女性である。

結婚式は、京都のカトリック北白川教会で挙げた。司式をつとめられたのは、聖トマス学院のエグリ神父であった。このようにして妻と結ばれたのは神様のお導きであろう、と思っている。

8　フランス留学

東京オリンピックが開かれた一九六四年（昭39）八月、私は、文部省から長期（一年間）在外研究員としてフランス（パリ大学）に派遣された。当時、新制大学には、一年か二年に一人しか、文部省の長期研究員の枠が認められていなかった。助教授の身でありながら、教授の在外研究志望者をさし置いて長期在外研究員に選ばれたのは、幸運であった。

「なぜ、ドイツではなくて、フランスに？」と、しばしば問われた。当時、わが国の刑法学は、圧倒的にドイツ刑法学の影響下にあった。――かつて、日本の医学がドイツ医学の圧倒的影響下にあったのと同様に。

フランスに留学することとなったのは、岡山大学で在外研究員に応募をするに当たっては、研究先の大学の教授などからの招聘状を添付することが要求されたのであるが、当時、私は、フランスの大学教授と文通しているのみであった。そのような次第で、フランスに留学することになった。結果的には、そのことが新しい研究領域へと私の眼を向けさせてくれた。刑事政策の研究と国際刑法の研究とが、それである。

パリ滞在中、エスペラントのご縁で、多くの知己を得、それらの人の親切なお世話になった。本当に感謝でいっぱいである。私は岡山でエスペラントを学んでいたのであるが、それが知己を得る絆となった。

岡山は、エスペラント（esperanto）運動の盛んな土地である。それは、医学部産婦人科の八木日出雄教授（のち、岡山大学長）が、国際エスペラント協会の会長をしておられたことにもよるであろう。

エスペラント（「希望する者」という意味）は、一八八七年、ポーランドの眼科医ザメンホフ（Zamenhof, 1858–1917）によって創られた国際補助語である。ザメンホフは、世界のすべての国民が人種や宗教の違いを超えて、語り合うことのできるやさしい人工語（例外も不規則変化も全くない言語）を創り出した。現在、世界に一〇〇万人を超えるエスペランティストがいて、国境を越えた交流をしている。日本では、戦後、米軍の占領下にあったため、広島大学名誉教授　長田新編『原爆の子』の出版が抑えられていた時、エスペラント仲間が、これを分担してエスペラントに翻訳して世界に発送した。それが、大きな反響を呼んだ。その反響のおかげで、『原爆の子』は、日本で出版されることになった。

パリでは、サン・ラザール駅の鉄道技師ブロンドー（André Blondeaux）氏が、エスペランティストのご縁で、親切に友人を紹介してくれたり、私たち（私、妻、長男（当時、八歳））の住まいの世話までしてくれた。彼の職場は、フランス新幹線の設計をする部署であった。フランスは、日本の技術を採り入れて、時速三〇〇キロの新幹線（T.G.V.）を走らせることに取り組んでいた。私が妻子を伴って彼の職場を訪れると、設計室の全員が温かく迎えてくれた。この設計室の技師たちは、日本の新幹線のことを「新東海道」（nouveau Tokaïdo）と呼んでいた。そして、世界で最初に新幹線を開発した日本から来たというので、私たち家族を歓迎してくれたのであった。

パリで知り合ったエスペラント仲間は、みな流暢にエスペラントを話していた。エスペラントの基本単語はラテン語に由来しているので、ヨーロッパの人たちにとっては、エス語（エスペラント語）の習得は楽なものであったようだ。エスペラントのご縁で、あちこちの家庭に招かれたり、新しい交際をさせていただくことができた。

長男は、私たちが住んだパリ南郊の市、ブルグ・ラ・レーヌ（Bourg-la-Reine）の小学校に一年間、通学した。一年の間に、長男国彦は、フランスの子どもと同じようにフランス語を話すようになった。担任の女先生は、「クニ（国彦の愛称）のフランス語は、詩を朗読するときの抑揚がもう少し上手になれば、完璧です」と言われた。この先生は、「日本の少年」（un garçon japonais）という詩を作詞・作曲して、それを教室でみんなに歌わせてくださった。

帰国のため出発する日、隣の家族は、涙を流して別れを惜しんでくれた。思い出に残る、幸せなフランス滞在であった。

9　国際刑法会議に出席

一九六四年八月、私は、在外研究の旅に立った。当時、海外渡航の制限はきびしく、一ドル三六〇円の時代であって、『一日五ドル　ヨーロッパ旅行』という本が、ヨーロッパでも日本（邦訳が出版されていた）でも評判であった。

岡山駅を発つ日、学長はじめ大学関係者や友人らが盛大に見送ってくれた。あたかも戦前の出征兵士を送る時のようだった。全く今昔の感があるが、当時は、本当に運の良い者しか外国留学に行くことはできなかった。

まず、オランダのハーグに向かった。同市で開催される第九回国際刑法会議に出席するためであった。この国際会議は、五年ごとに開かれる由緒あるもので、刑事法、刑罰制度、国際刑法などの分野で、国際的に大きな貢献をしてきた。

会議は、四つの分科会に分かれた。私は、「刑事判決の国際的効力」を議題とする第四分科会に唯一人の日本人参加者として出席した。この議題の中心は、外国の確定した刑事判決を内国で執行する制度（執行主義）の問題点いかんという、日本の学者や実務家にとっては、夢物語と思われるものであった。例えば、ドイツ人がフランスで強盗の罪を犯して懲役一〇年の刑に処せられた場合、その者をドイツに移送し、ドイツ法に従って服役させるという制度である。〝刑罰権は国家に帰属する〟という伝統的観念が頭に滲み込んでいた私にとって、これは大きな驚きであった。

ところが、出席者（みな、国際刑法のエキスパートであるらしい）は、当然の問題点だとして、議論を進めている。発言者は、九割がフランス語、一割が英語で討論した。配布される資料は、すべてフランス語で書かれていた。「ヨーロッパでは、フランス語が最もよく通用する」と聞いていたが、まさにそのとおりであった。

分科会では、一九六四年五月二九日作成の「刑事判決の執行に関するベネルックス草案」のフランス語訳が配布された。これを見ると、ベネルックス三国（ベルギー、オランダ、ルクセンブルグ）は、あたかも一つの国家のごとく法共同体を構成していることになる。「そうだ。ヨーロッパ大陸諸国は、みな陸続きなのだ」と、私は実感した。これは、極東の島国日本からやって来た私にとっては、衝撃にも似た思いであった。

第九回国際刑法会議は、「刑事判決の国際的効力」につき、長文の決議をした。この決議は、外国刑事判決の消極的効力（一時不再理）と積極的効力（執行力）をできる限り広い範囲において承認する内容のものであった（＊）。

その後、一九六八年九月二六日、「刑事判決の執行に関するベネルックス条約」が締結され、続いて、一九七〇年五月二九日、オランダのハーグにおいて、「刑事判決の国際的効力に関するヨーロッパ条約」が、ヨーロッパ評議会（Council of Europe）の構成国の間で、締結された（＊＊）。

（＊）「報告・第九回国際刑法会議」ジュリスト三一三号以下の森下報告をみよ。

（＊＊）森下『国際刑法の新動向』国際刑法研究第一巻（一九七九年、成文堂）一九三頁以下。

ヨーロッパの政治的・経済的統合は、その後も進められた。一九八三年三月二一日、ヨーロッパ評議会主宰の下に、執行主義にもとづく「受刑者移送条約」（Convention on the Transfer of Sentenced Persons. ETS No. 112）が締結された（＊）。わが国は、二〇〇二年七月、この条約に加入した。私が三〇年間にわたり提唱してきたことが、やっとわが国でも認められたのである。以来、外国で罪を犯して刑に処せられた日本人が、日本に移送されて、日本法にもとづき刑務所で服役している。

（＊）森下『刑事司法の国際化』国際刑法研究第五巻（一九七〇年、成文堂）七九一頁以下。

パリ大学法学部にある
ボアソナード教授の胸像と著者

10　パリ大学法学部

パリ大学法学部は、パリのパンテオン（Panthéon）（フランスの偉人たちを合祀する廟）の隣に、長い歴史を偲ばせて立つ旧校舎の中にある。ここでは、大学四年制の後半、つまり専門課程の授業のほか、ドクトラ（博士課程）の講義と研究所の講義が行われる。

フランスでは、バカロレア（baccalauréat）（大学入学資格）に合格した者は、だれでも大学に入学できる。しかし、成績が良くない学生は、遠慮なく落第させせられる。そのせいで、入学した者のうち卒業できるのは、一〇人に一人ぐらいとか。その故もあって、専門課程では、熱心に勉強する。学生の数が増えるので、教室では、立って講義を聴く者もある。「入学するのは易しいが、教室に入るのは難しい」といわれている。

ドクトラの特別講義は、さすがレベルが高い。たとえば、ルヴァッスール（Georges Levasseur）教授の「国際刑法および比較刑法」の講義は、学会における研究発表にも似て、程度の高いものであった。

法学部の中の広い廊下に「日本近代法学の父」と呼ばれるボワソナード（Emile Boissonade）の胸像がある。ボワソナードは、明治政府の招聘を受けて一八七三年（明6）に来日し、一八九五年（明28）まで滞在し、その間、日本法の近代化のために精力的に働き、大きな功績を挙げた。その業績は、フランスでも高く評価されている。一九三四年（昭9）、ボワソナードの功績を敬慕する日本人有志が、彼の胸像を贈り、フランス政府がそれを受け容れて、パリ大学法学部構内に設置したのである。

11　国立比較法研究所

パリ五区に国立の比較法研究所（Institut de Droit Comparé）がある。堂々たる建物に、公法部門、民事法部門などと並んで、刑事法部門がある。私は、この刑事法部門を訪れ、多くの研究者の知己を得た。とりわけ、世界的に高名なマルク・アンセル（Marc Ancel）破毀院部長判事が刑事法部門の長を兼ねておられることもあって、アンセル先生の知遇にあずかった。

アンセル先生は、有名な著書『新社会防衛論』（La Défense Sociale Nouvelle, 1966, Cujas）によって、その後、世界的に新風を巻き起こした〝新社会防衛学派〟の旗手となられた（二度、来日された。後述）。

ヨーロッパ各地から多くの学者や実務家が、この研究所を訪れて、意見発表や意見交換をした。ドイツ、スペインなどから研究者らが来訪するときは、ドイツ語、スペイン語など、それぞれの言語に達者な所員が対応していた。

比較法研究所には、道路を隔ててりっぱな図書館が付設されていた。図書館には、内外の豊富な文献が所蔵されていた。それらの文献を自由に利用させていただくことができたのは、実にありがたかった。

比較法研究所の刑事法部門は、フランスの「刑事科学及び比較刑法雑誌」（Revue de science criminelle et de droit pénal comparé）を編集していた。その関係で、後年、私は、同誌の外国通信員の一人に選ばれた。この雑誌は、ヨーロッパのみならず、アフリカ、中南米、そして日本の大学や研究所にまで行きわたっている。その故で、私が寄稿した幾篇もの論文やレポートは、この雑誌に掲載されて広く世界の学者らの眼にとまることとなった。

12 フランスで学んだこと

パリは、光の都（la Ville lumière）といわれる芸術都市である。パリに住み始めて間もなくのころ、友人の学者とともに西村計雄画伯（＊）の案内でルーヴル美術館を訪れた。尨大な数の名画や彫刻が、幾世紀にもわたって収集され、展示されている。西村画伯は、案内をされながら次の話をされた。

――いま、パリには、一万人を超える画家が来て、絵の勉強をしている。毎年、ルーヴル美術館は、特別の展覧会を開いて、出品された作品の中から優れたもの一〇点ほどを買い上げて、倉庫に貯蔵する。買い上げられた作品は、何十万点も倉庫に眠っている。それらの貯蔵作品については、五〇年ごとに専門の審査員らが見直し、審査をする。この審査の結果、価値を見直された作品は、ギャラリー（展示場）に展示されることになる。反対に、五〇年後の審査によってギャラリーから倉庫行きとなる作品もある。生存中に一〇点、買い上げてもらった者の作品は、将来、ギャラリーに展示される可能性がある。私（西村画伯）の作品は、すでに数点、ルーヴル美術館に買い上げてもらった。フランスは、芸術の国だ。独創性（originalité）のあるものでなければ、価値はない。エピゴーネン（épigone　亜流、模倣家）は、存在価値を認められない。――

＊　北海道の郷里に「西村計雄美術館」が建てられている。

西村画伯のお話は、今でも私の脳裡に焼き付いている。かの有名な「晩鐘」（アンジェラス）、「落ち穂拾い」、「種をまく人」などを描いたミレー Jean-François Millet, 1815-1875）の作品は、当時、展覧会に出品しても相手にされなかった。ミレーの作品が評価されるようになったのは、三〇年以上も後のことである。

13 ヨーロッパの矯正施設の参観

二年間、パリに留学したほか、国際会議に出席すること一一回、そのほか、日本学術振興会から学術交流研究者としてフランスに派遣された機会を利用して、これまで多くの国を訪れた。その際、訪問先の国で大学や裁判所を訪れたほか、刑務所、保安処分施設などを参観した。刑務所などは、普通、簡単には参観できないのであるが、司法省、内務省にあらかじめ手続をして参観許可を得た。これらの施設見学は、生きた学問として大いに役立った。以下、印象に残ることの若干を紹介しよう。

(1)　フランス

古い刑務所と新しい刑務所をいくつも参観した。

少年刑務所は、'prison école'（直訳すれば、学校刑務所）という名前のとおり、ここでの処遇は、教科教育と職業訓練に重点が置かれていた。ゆったりとした環境の中にある学校という感がした。少年受刑者たちは、週末には親許での外泊が許可されていた。

刑務所で印象に残るのは、受刑者に出される食事のおいしいことであった。私は、お願いしてその食事を試食した。さすがは、「料理は芸術」といわれるフランスにふさわしいもので、「日本の普通家庭の食事並みかなァ」と思われるものであった。

パリ市内にあるサンテ（Santé）拘置所を参観した日（一九八一年一一月）のこと。案内役の次長に「外国人の比率は、どれくらいですか」と尋ねたところ、彼は言った。「四〇％です。日本人が一人います。ご希望であれば、面会を許可します」

面会をお願いしたところ、応接間のような部屋で立会人なしで、三〇分余り会うことができた。その男の名は、サガワ（佐川）。フランス語の家庭教師として訪れてきたオランダ人女子学生を殺し、その肉を切って冷蔵庫に入れ、連日、その肉片を食べたという衝撃的事件を起こした精神障害者であった。

彼は、「久しぶりに日本語を話すことができてうれしいです。気持ち良くなりました」と言って、喜んだ。彼は、措置入院となり、その後、帰国した（＊）。

（＊）拙稿「佐川事件」判例時報一〇三二号（一九八二年）、森下『刑法の旅1』（一九九八年、信山社）一三一頁以下、一四八頁。

(2) ベルギー

「ヨーロッパの十字路」といわれるベルギーは、刑事政策のパイオニア（先駆者）といわれている。つとに為政者が、刑罰制度・刑事政策に力を注いだからである。その進んだ行刑制度は、日本の行刑制度に大きな影響を及ぼした。明治の初年、政府の使節団は、ルーヴァン（Louvain）刑務所を参観して、「このようにすぐれた施設で服役する者は、幸せである。日本は、このすぐれた行刑制度を採用しなければならない」との感想を書き残した。

私は、合計六回、ベルギーを訪問した。その都度、どこかの矯正施設を参観した。その中で最も参考になったのが、ペーヴ社会防衛施設（Etablissement de Défense sociale de Paifve）の参観（一九八一年一一月）である。これは、千年の由緒ある古都リエージュ（Liège）の近郊ペーヴ町にあって、ベルギーが最も近代的な社会防衛処分の施設として新たに建設したもの（一九七六年に業務開始）である。約一〇〇名を収容。殺人等の罪を犯した精神障害者に医療観察がほどこされる。

所長（精神科医）は、私が日本人の参観者第一号であるとして歓迎してくださり、内部を案内してくださった。驚いたのは、この施設が完全開放の精神病院と同様であることである。すべての職員が私服を着ているので、面会者かどうかの見分けがつかない。面会室では、家族と被収容者とが談笑しながら、飲食を共にしている。

一番驚いたのは、被収容者が台所で、自分の食べ物を好みに従って調理していることである。所長は、「調理をするのは、精神衛生にも効果があるし、出所後の生活にも役立つ」と語った。そして印象に残ったのは、良心的兵役拒否者がこの施設において被収容者の作業を指揮監督していることであった。彼らは、兵役拒否の罪に因り二年の拘禁刑に処せられ、刑務作業に代わる仕事としてこの施設で働いているのであった（＊）。

＊　森下「ベルギーの社会防衛施設」同・刑法の旅1（一九九八年、信山社）一六六頁以下。

(3)　スイス

スイスでは、保安処分施設を一か所、参観した。訪れて、驚いた。りんご園ともいうべき農場で、被収容者が作業していた。塀はなかった。日本にいる時、私は、保安処分施設といえば、凶悪犯罪を犯した精神障害者を収容する所であるので、戒護の厳格な精神病院にならったものを考えていた。この先入観はあっさり、くつがえった。

この驚きを所長に伝えたところ、「外国人参観者名簿にその感想を書いてください」と頼まれた。

(4)　イタリア

イタリアでは、刑務所と司法精神病院（いわゆる保安処分施設）とを、それぞれ数か所、参観した。

刑務所について強烈な印象が残るのは、マフィア（mafia）を収容する施設における厳戒態勢――それは「刑務所の中の刑務所」といわれる特別区域――の構造である。そのほか、マフィア奪還のために外部から武装攻撃して来る一味に対する厳重な防御態勢である。現に、マフィアの一味が刑務官を人質に取り、その間にマフィア受刑者が刑務所の正門から堂々と逃走した事例もある。

それ以降、武装した国家警察隊（cavalière）が、終日、刑務所を警護している。

拘禁的保安処分として、司法精神病院（O・P・G）への収容、治療看護所への収容、農業コロニーまたは労働所への収容がある（刑法二一六条以下）。

私は一九八一年にアヴェルサ（Aversa）O・P・Gを参観し、一九八三年に二つの司法精神病院を参観したのだが、そのうち、フィレンツェ郊外にあるモンテルーポ（Montelupo Fiorentino）O・P・Gが印象に残っている。ここは、メディチ（Medici）家の夏の別荘であった由。見事な庭園、由緒ある建物が、一九三三年以降、O・P・Gとして使用されている。被収容者（internati）は、定員二〇〇人のところ、二八〇人。

この病院で印象深かったのは、症状が比較的良好な者には外出と外泊とが認められていることである。「外出」という中には、単なる外出と外部通勤（外部の作業場に出かけて作業に従事）とが含まれる。外泊は、年に四五日以内の休暇のことである。参観した当日、午後五時三〇分までの所内作業を終えて、三々五々、丘を下って自由な外出をする被収容者が、見受けられた。

わが国では、戦後、刑法改正が大きな立法課題となった折、「保安処分は、保安拘禁だ」として激しい反対運動が展開された。だが、外国では、このように多様な処遇方法が現に実施されている。そのことを知って、眼からうろこ（鱗）の落ちる思いがした（＊）。

その後、イタリアの保安処分の実情を知りたいと思い、旧知のローマ大学教授フロジーニ

(Vittorio Frosini) 氏にお願いしたところ、詳細な報告を送っていただいた。教授は、二度、来日され、法務省で「イタリアの保安処分」の話をされ、広島大学でもイタリア法の講演をされた。

＊　森下「イタリアの司法精神病院」同・刑法の旅　2（二〇〇五年、信山社）一四二頁以下。

14　思い出の人

国際会議に出席すること一一回、日本学術振興会から学術交流研究者としてフランスに派遣されることを含めて、これまで多くの国を訪れた。その機会に多くの外国人と知り合い、交流することができた。その中で、思い出に残る人がある。

(1)　ポール・コルニル氏

一九六五年七月下旬、妻と長男国彦（当時八歳。フランスの小学校に通っていた）を伴って、ベルギーの首都ブリュッセルにあるポール・コルニル (Paul Cornil) 氏（司法事務次官、ブリュッセル大学教授）のお宅を訪れた。

ご夫妻は、私たちを温かく迎えてくださった。大きな応接間には、ドイツ製のグランドピアノ（スタンウェイ）が置かれていた。長男が、そのピアノで一曲弾いた。弾き終わるや、夫妻は、「ブラボー、ブラボー」と叫んで、大きな拍手をくり返した。

コルニル氏は、言った。「この坊やを将来、ピアニストにするつもりですか。実は、私はピアニ

ポール・コルニル氏夫妻と、1981年ギリシャのテサロニケで
第10回国際社会防衛会議にて臼井滋夫氏（最高検部長検事）と

ストになろうと思って、若い時、大いに練習しました。しかし、プロの道で一流になるのは厳しいと気が付いて……」

ピアノの上には、前年のクリスマスごろに届けられたクリスマス・カードが、たくさん置かれている。コルニル氏は、「これは、日本のダンドー（団藤東大教授）氏から来たもの。これは、ロワから来たものです」と言って、それを示した。

私は、「ロワ（?）」から来たクリスマスの意味がわからない。ロワ（loi）とは、法律という意味だからである。「えッ？　ロワとは、何ですか」と尋ねると、コルニル氏が言った。「ロワ・ボードワン（Roi Baudouin）（ボードワン国王）のことです」

ロワ（roi）とは、国王を意味する。「ロワ」

と言っても、ロワ（loi　法律）とロワ（roi　国王）とでは、大違いである。私は言った。「私たち日本人には、lとrの発音を区別することが難しいのです」

コルニル氏は、笑いながら、言った。「思い出します。私の（二度にわたる）日本滞在中、日本人は、私のコルニル（Cornil）という名前を'Coruniru'と発音していました」

それにしても、国王から署名入りのクリスマス・カードが届けられるとは、驚きであった。国王が国民から親しまれているとは、聞いていたのだが――。（なお、ボードワン国王は、一度、来日されたことがある。）

コルニル氏は、一九七〇年、京都で開かれた第四回国連犯罪防止会議に出席された。私は、会議の休みの日に、フランスなどからの参加者約三〇人を特別のバスに乗せ、京都観光の案内をした。その折、コルニル氏は、龍安寺の有名な石庭に心を惹かれて、何枚も写真をとり、長い時間、石庭を眺めていた。

(2)　マルク・アンセル氏

マルク・アンセル（Marc Ancel, 1902–1990）氏は、わが国でも「新社会防衛学派の父」として知られている。氏の代表的著作『新社会防衛論』――人道主義的な刑事政策の運動――（La Défense Sociale Nouvelle　初版一九五四年、第二版一九六六年、第三版一九八一年）は、いくつもの外国語に訳されて、国際的に高い評価を得ている（＊）。まことに、アンセル氏は、フランスを代表する国際的な法学者である。

＊　わが国では、吉川《キッカワ》経夫訳で一九六八年、一粒社から刊行されている。

アンセル氏は、破毀院民事部長、パリ大学比較法研究所長、第二代の国際社会防衛学会会長（一九七九年以降）を務めるかたわら、刑法、刑事政策のみならず、英法、国際私法の分野でもすぐれた業績を挙げた、フランスを代表する法学者であった。私にとっては、一九六四年にパリ大学に留学して以来、いろいろお世話になった恩師でもある。

アンセル氏は、二度、来日された。最初は、第四回国連犯罪防止会議に出席するためであり、二度目は、一九八〇年五月、日仏間の学術交流の任を負う、いわゆる文化使節としてである。

再度の来日の際、アンセル氏は、法務省主催の講演会（於、法曹会館）で、「フランスにおける社会防衛の最近の展開」と題する講演をされた（＊）。その際、アンセル氏は、日本とフランスとの文化交流を促進したい、との意向を強く表明された。アンセル氏は、日本における犯罪者処遇には独特のすぐれた点があることを認識しておられたのである。

＊　「刑政」九一巻九号（一九八〇年九月）に全文の訳が掲載されている。

また、再度の来日の際、アンセル氏は、京都日仏会館で「フランスにおける裁判」と題する講演をされた（邦訳は、ジュリスト七二三号に掲載）。この講演には、関西の大学教授や学生・院生らが多数出席し、活発な質疑をした。

法務省主催の講演会で
講演をするアンセル氏（通訳は、森下）1980年

私は、二回にわたりアンセル氏の講演の通訳をしたほか、奈良と京都の観光案内をした。最も印象深いのは、奈良少年刑務所、奈良公園、法隆寺、中宮寺、薬師寺などを一日かけて訪れた奈良の旅である。アンセル氏は、奈良公園では寄ってくる鹿にせんべいを与え、鹿を撫でては、「かわいい」と言って、旅情を楽しんでおられた。

法隆寺では、アンセル氏は、宝蔵院に安置されている「百済《くだら》観音」と呼ばれる観世音菩薩像の前で、釘づけになったように、立ちつくされた。長身の、優雅で崇高な姿に魅入られたかのように、しばし時の経つのを忘れて、百済観音を見つめておられた。

実は、私には百済観音について忘れがたい思い出がある。一九四四年（昭19）一二月下旬、人隊を前にして、「軍隊に入れば、生きて還ることはないだろう。せめて、今生《こんじょう》の思い出に百済観音を見ておきたい」とて、当時住んでいた神戸から法隆寺を訪れた。ガランとした堂内で、ただ一人、百済観音を心に焼き付けるかのように見つめたことがある。

あれから幾星霜を経て、この日、私は、アンセル氏と共に、楚々として香りも高い日本仏教美術の至宝、百済観音に心を奪われんばかりであった。

この後、私たちは、奈良市西の京にある薬師寺を訪れた。ここで、アンセル氏は、国宝の東塔の見事さに感嘆された。各層に裳階《もこし》をつけた一見、六層に見える重厚な三重の塔は、八世紀の創建のまま、壮麗なたたずまいを見せていた。

京都では、一乗寺近くの詩仙堂（正式名称は、丈山寺）を案内した。詩仙堂は、江戸初期の寛永一八年（一六四一年）、文人石川丈山が造営し、隠棲した曹洞宗の山荘であって、門を入ると、参道の両脇には涼しさの感じられる竹林があり、白砂の唐様庭園には小川が流れている。

アンセル氏は、禅宗の雰囲気のただようこの庭園に心を惹かれたようであった。詩仙堂は、比叡山を借景としている。庭園内のたたずまいを味わうというよりも、はるか彼方にそびえる比叡山を借景として、禅の境地を静かに味わおう、との丈山の心境に沿って造営されたものであろうか。アンセル氏は、詩仙堂にたたずんで、長い時間、この借景を心の奥に刻み込んでおられるかのようであった。

（あとがき）　この後、ルーヴル美術館の至宝ミロのヴィーナス像が、日仏文化交流の記念事業として日本に送られ、東京上野の美術館で展示されたことがある。開会初日から、連日、延々長蛇の入場希望者（のべ、何十万人？）が、会場前に並んだ。入場者は、余りにも多すぎるので、ミロのヴィーナス像の前で立ち止まることを許されなかった。

この展示が終わると、そのお礼として、日本から「ミロのヴィーナスに比敵する日本美術の至宝」として、百済観音が、フランスに渡り、パリで公開された。パリの会場には、大統領をはじめ、美術を愛好するフランス人、ヨーロッパ諸国からやって来た人たちが、連日、長蛇の列を作った、と伝えられる。

この報道を聞いて、私は、次のように思ったことである。「アンセル氏は、法隆寺で、長時間にわたって百済観音を眺め、味わい、心静かに語らいをすることができて、本当に良かった」と。

東洋美術に心を寄せる碩学と共に奈良と京都の古都巡りをした思い出は、今も私の胸に息づいている。

第五章　大学紛争の嵐

1　日大、東大、京大の紛争

戦後、わが国では、一九六〇年のいわゆる安保闘争に続いて、一九六八年（昭43）からいくつもの大学で紛争が起こり、それが他大学にまで波及して行った。紛争の原因は、大学によって異なるが、一九六〇年代後半から七〇年代にかけて展開されたベ平連（「ベトナムに平和を市民連合」）の運動をはじめとして、さらに、中国における文化大革命（一九六六年から七七年まで）やフランスにおけるいわゆる一九六八年の五月騒動（Mouvements de mai）に影響されたふしがある。

一九六八年（昭43）、日本大学と東京大学で紛争が始まった。

日本大学では、六八年四月、東京国税局によって約二〇億円の脱税、使途不明金が摘発されたのを発端として、学生らが、大学当局による弾圧策に対抗して立ち上がった。大学側は、翌年、次々と警察機動隊を導入して、バリケード封鎖を解除した。この攻防戦において、警官一名が殉職したことは、大きな衝撃を国民に与えた。

東京大学では、一九六八年一月、医学部の学生がインターン制に代わる登録医制度に反対し、無期限ストに突入。六月には、文学部も無期限ストに突入。七月には、「東大全共闘」（東大全学共闘会議）が結成され、新左翼の学生らと共に、本郷キャンパスの安田講堂を不法に占拠。一九六九年（昭44）一月一八日、大学側は、安田講堂等を不法占拠している学生らを排除するため、警察に出動を要請し、それにより、三六時間にわたるいわゆる安田講堂攻防戦が展開された。学生らは、火炎びんを投下して、機動隊に激しく抵抗した。

私は、一九六八年四月から一年間、京都大学で「刑事学」の非常勤講師となった。同年二月、ドイツで在外研究中に京大法学部の宮内裕教授が病死（享年四九歳）したので、「刑事学」の講義を委嘱されたのであった。講義は、二週間に一度、（教授会の行われる木曜日の午後）行われた。

ある日、京大に行くと、折しも法経第一教室には、民青（日本民主青年同盟）（「民青同」ともいう。）系の学生約一千名が集まり、リーダー格の学生が、マイクで、「我らの祖国ソビエトは……」というアジ演説を行っていた。これに対し、京大全共闘は、大学本部のある時計塔を占拠。全共闘と民青との対立が激化していた。

一九六九年（昭44）九月二二日、京大は、封鎖解除のため、警察官の出動を要請。これに対し、学生らは、火炎びんなどを投下して機動隊に激しく抵抗。結局、封鎖は解除された。

2　岡山大学紛争の発端

全国で大学紛争が起こっていた最中、岡山大学でも激しい紛争が続いた。後述するように、この紛争中、警察官一名と学生一名とが死亡したほか、多数の負傷者が出た。

岡山大学（以下「岡大」という。）の紛争の原因は、他の大学のそれとは、かなり異なっている。それは、岡大の津島キャンパス（約20万坪）が、旧軍隊の敷地と兵舎をそっくりもらい受けたという事情に因ることである。というのは、キャンパスの北半分と南半分とを分ける東西道路は市有地であるのに対して、南半分（大学本部、農学部、教養部、学生会館がある）を二つに分けてその中央を走る南北道路は、大学の敷地とされていることに、紛争の発端がある。

この南北道路では、岡大発足（一九四九年。昭24）以来、一般公衆（警察官を含む）にも自由通行が認められていた。岡大の北約五キロの地点に自衛隊の駐屯地があるため、そこへ弾薬を輸送する自衛隊の車両が通行していた。これを見付けた学生が、大学に抗議。大学は、自衛隊に南北道路の通行を自粛されたい旨を申し入れた。以来、自衛隊は、南北道路を通行していない。

ところで、一九六八年九月一七日、警察官が南北道路に立ち入るのを目撃した学生が、これに激しく抗議した。学生と警察機動隊とが衝突し、二人の学生が逮捕された。それが、七年間に及ぶ岡大紛争の始まりであった。

学生らは、学生会館前で集会を開き、そこに学長の出席を求めて、「南北道路は、岡大の構内であるから、今後、警察は無断で通行するな」という申入れを警察に対して行えという要求をした。赤木五郎学長（五五歳。眼科の教授であった）は、各学部に対し代表の教授一名を急遽派遣するように求めた。

折しも、法文学部では、教官会議（全教官で構成）を開催中であったが、評議員の山本正憲教授（民法）を行かせることにした。山本教授が廊下に出た時、私は、廊下に出て、山本教授に言った。「南北道路は、（旧軍隊時代はもちろん）大学開学以来、警察を含めて一般公衆の通行の用に供されて来た。実質は、公道の性格をもっている。その道路を警察が通行することは、なんら大学の自治を侵害するものではない。緊急自動車を含めて、およそ警察官の通行を禁止することは、できないし、また、してはならない」と。

山本教授は、「分かった。そのことを学長に伝える」と言って、学生会館に駆けつけたが、すぐ戻ってきた。そして、「すでに学長は、警察に対して『今後、警察官は、無断で南北道路を通行するな』という申入れをする旨、学生に約束してしまっていた」と、教官会議に報告した。

ところで、その後、学長は、このような申入れをしなかった（そもそも、そのような申入れができるはずもない）。しかし、大学側は、「申入れをした」とウソをついて、なんとか事態を収拾しようとした。これが、結局、裏目に出た。岡大紛争は、ますます泥沼にはまり込んで行った。大学は、九月二七日、警察官による学生逮捕は不当逮捕である旨の声明を出した。

一九六九年一月、仏文科の学生Yが、前記警官に対する暴行のかどで、公務執行妨害罪により起訴された。これに憤激した学生らは、体育館で、一月二〇日、全共闘主催による全学集会（いわゆる大衆団交）を開催。約二千名が集まり、会場は、異常な雰囲気に包まれた。大学は、学生側の要求（いわゆる五項目要求）を大幅に容認することで事態の沈静化を図ろうとした。

しかし、大学側の試みは成功せず、教養部がスト権を確立、校舎を封鎖したのに続いて、二月には法文学部が封鎖された。そこで、二月二六日、大学評議会は、入試を岡山市内の県立高校で警察の警備の下で行うことを決定した。

当時、法文学部では毎日のように教官会議が開かれていた。全共闘学生ら数十人は、建物の入口を数人ずつで固めてそこから教官が退出できないようにした上、教官会議室室に押し掛けて来て、深夜まで教官らを会議室に閉じ込めた。彼らは、教官一人ずつをつるし上げした上、「警察官に守られた入試の監督を拒否する」よう、迫った。結局、民青系教官と全共闘シンパの教官、計二七名が、「入試の監督を拒否する」意向を表明した。私は、夜一〇時すぎ、数人の教官と共に一階のトイレの窓から脱出して帰宅した。

翌日、前記の教官二七名は、大学西門前に大きな立看板を出し、その中で、「警察官に守られて入試を行うことは、大学の自治に反するので、入試監督を拒否する」旨を黒々と大書し、同時に、その旨の声明を内外に表明した。このことは、マスコミの恰好の報道材料となり、全国的に大々的に報道された。三月三日と四日、入試は、無事に終了した。しかし、同年一二月、国会で、この件が取り上げられ、岡大の姿勢が糾弾された。その後、入試協力拒否をした二七名の教官については、訓告と賃金カットが行われた。

入試が無事に終わったものの、学内では次々と事件が発生した。暴力学生らは、学内でK学生課長および教養部のS教授を監禁し、暴行・傷害した。大学は、この事件を警察に告発した。この告発は、岡大紛争の火に油を注いだ格好になった。学生らは、南北道路に強固なバリケードを築いて、完全に封鎖した。そのため、一般市民の通行さえ不可能となった。当然、一般市民から大学に対し、強硬な苦情が寄せられた。

3　機動隊の導入、警官の殉職

一九六九年四月一二日（土）、岡山県警の機動隊約六〇〇名が、S学生課長らに対する監禁・傷害事件の現場検証を行うため、東西道路の東側から西進して教養部構内に入ろうとした。全共闘学生らは、これに対して激しい投石をして応戦した。

この投石により有本宏巡査（二六歳）が、後頭部に重傷を受けて、翌日、死亡した（二階級特進して警部補）。実は、当時、岡山県警の警察官の数は少なく、しかも装備は不十分であった。有本巡査は、仲間がヘルメットをかぶっていないので、自分のヘルメットをその仲間に貸したのであった。県警のジュラルミン製の盾も、数が少なかった。そのような状況の下で、殉職者が出た。

警官殉職の報は、大学のみならず、全国に大きな衝撃を与えた。文部省は、「岡山大学には大学の資格なし」と言った（新聞報道による）。それのみではない。警察は、出動車の中から投石学生らにつき多数の写真撮影、マイクロ・フィルム撮影をしていた。これが証拠となって、以後、投石者は、次々と逮捕された。大学は、投石学生らは進んで自首するように呼びかけた。自首した学生は、いずれも懲役三年、執行猶予二年の判決を受けた。

五月、赤木学長辞任。学部長団で学長権限を代行することになった。以後、学部ごとに学生大会が開かれ、スト解除が行われるようになった。

理学部では、教官と学生らとの間の団交（団体交渉）に当たり、次のやりとりがあったそうだ。

「教官は、みな専門バカだ」

「専門バカとは、大いに結構だ。専門バカでないバカは、ただのバカだ」

これで、勝負あり、になった。学生らは、〝専門バカ〟は、偉いんだ、と悟って、スト解除を決めた。――この話を理学部の教授から聞いた。その後、理学部に続いて、教養部、農学部などもストを解除した。

（あとがき）　〝専門バカ〟のことを外国語では、どういうのだろうか。語学道楽の私は、アタマをひねった。フランス俗語辞典、フランス大辞典をひもといたが、見当たらず。ところが、武田正實著・現代伊和熟語大辞典（一九八二年、日外アソシエーツ・発行）で、ついに発見。'dotto come uno scaffale'（専門バカの。本棚のように博学な）が、まさにそれである。これによれば、「専門バカ」は、'dottore como uno scaffale' とでもいうのだろうか。

建物封鎖とストライキが続けられているのは、法文学部だけとなった。五月二八日、機動隊によって、封鎖は解除された。警察は、放水車を用意してきていたが、全共闘学生らは、いち早く脱出した。封鎖が解除されて後、教官らが自分の研究室に入って見ると、室内は荒され、中にはゲバ棒、ヘルメットなどのほか、男女二人分のふとん、毛布、そのうえ避妊用具まであったそうだ。——これは、一階、二階の研究室（主として文科の教官と演習室）の有り様だったようだ（私の研究室は、五階）。後日、聞いたところによれば、カップルの男女学生が、それぞれに割り当てられた教官研究室で寝泊まりしていたそうである。

4　新入生への呼びかけ文

さて、封鎖が解除されても、すぐ授業再開とは行かない。全共闘学生が授業粉砕と称して襲撃してくるおそれがあるからだ。

ところで、新入生をいつまでも放っておくことはできない。入学式は、学外の県立体育館で行ったものの、自宅待機の格好になっている。そこで、学部長名で「〇月〇日、県営グラウンド（大学から一キロの南）の芝生で、教官と懇談の機会を作り、その折、教官一人が二〇人くらいの新入生と輪になって、〝近く授業を開始する〟旨を伝えよう」ということになった。

学部長杉富士雄氏（吟遊詩人の研究により、フランス政府からレジオン・ドノール勲章を受章）から、「森下君、きみは文章がうまいから〝新入生への呼びかけ文〟を書いてくれ」と頼まれた。頼まれると、〝ノー〟とは言えない。知恵をしぼって、分かりやすい〝呼びかけ文〟の原案を学部長に届けた。すると、翌日、彼は言った。「森下君、これは良く書けている。ただ、一つ、問題がある。文科の教授らと相談したのだが、文中、〝胸襟を開き、膝《ひざ》を交えて話し合いましょう〟というくだりが、それだ。文科には、女子学生が多い。先生との話合いの場で、〝胸を開き（ブラジャーを外ずし）、膝を交えて……〟とは、恥かしい、と言う者がいるだろう。このくだりを削ることにしたい。了承してくれ」

もちろん、了承した。それにしても、平素から多くの女子学生と接している文科の教授らは、着眼点がちがう。鈍感な私は、そこまで考えが及ばなかった。

5　封鎖解除後の自主警備

封鎖は解除されたものの、全共闘学生らが再び襲撃してきて、再封鎖するかも知れない。そこで、教官七〜八名で一つの班を作り、二四時間交替で泊まり込み、研究棟を自主警備することになった（聞くところによると、他大学でもそうしていたようである）。私は、またも、一つの班の班長を命ぜられた。

一九六九年（昭44）八月七日、大学運営に関する臨時措置法が成立。この法律によれば、いつまでも授業を再開しなければ、大学は廃校処分になるおそれがある。岡大では、県警に警官の昼夜常駐を要請し、その警護の下で授業を再開することとした。

こうして、開学以来、予想もしなかった〝警察に守られての授業再開〟が始まった。警官は、一箇小隊ずつ一二時間ごとに交替という形で、常駐した。

最も危惧されたのは、夜間におけるゲリラ的襲撃であった。が、幸いにして、それは杞憂に終わった。とはいえ、もともと警察官の定員の少ない岡山県警にとっては、二か月にわたり二箇小隊の警官を岡大に分駐させることは、本来の警察業務に多大の不便を伴うことであった。

警官の学内常駐下での授業再開は、無事に行われた。警官が引き揚げた後、学内では、全共闘系の勢力が低下するにつれて、民青系が勢力を増してきた。悪いことに、法文学部の教官の中に、民青系に組する者が少なくなかった。それらは、行政法、労働法、政治学、政治史などの分野の者であった。そのいわんとするところは、教官（教授、助教授、専任講師、助手）は、研究者として平等、同格であって、それゆえ大学の行政および人事について平等・対等である。ソビエトは、自由平等の理想の国であるので、ソビエトにならうべく、まず、法文学部を共産主義化し、ついで岡大全体を民青大学（共産主義大学）にすべきだ、というのであった。

これに最も強く反対したのは、私であった。そのため、私には、つねに「保守反動」の枕言葉が付けられた。

警官の学内常駐はひとまず終わったものの、法文学部では、教官と学生の中にそれぞれ全共闘派（そのシンパを含む）と民青系（そのシンパを含む）とが、何かにつけて対立した。授業再開後も、大学内部には紛争の余塵が、くすぶり続けた。対立する派閥が勢力を拡大しようとして、事あるごとに活動を続けた。

ある日、会議室で教官会議を開いていた時、全共闘系の学生数十人が押し掛けてきて、教官一人々々につき、そのイデオロギー的立場、研究対象、業績、大学の在り方等に係る質問をして、糾弾したことがある。要領のよい教官は、「君たちの言うことは分かる。が、しかし……」と言って、尻っぽをつかまえられないように答えた。

全共闘の指導者的な学生が、私に問うた。

「森下教官は、敵か、味方か」

この問いは、私が暴力をふるう全共闘をきびしく非難する一方、民青系の教官・学生に対して批判的態度をとり続けたからであろう。「敵か、味方か」というのは、「全共闘に加担するのか、民青の味方なのか」という問いであった、とも解される。

私は、即座に答えた。「おれは、正義の味方だ」

そのころ、「正義の味方　月光仮面」とか、「正義の味方　ウルトラマン」とかが、子ども向けテレビなどで出ていて、純情な子どもたちの憧れになっていた。全共闘の諸君も「正義の味方」のファンであったのか、これ以後、私を追及することはなかった。

6　学生の焼身自殺

一九七一年（昭46）一月八日、農学部構内の農場付近で、午前一時前、法科四年の男子学生が焼身自殺するという事件が発生した。現場の近くの官舎に住んでいた人は、彼の断末魔の叫びを聞いたそうである。当時、私は、農場南の大学官舎に住んでいたのであるが、法文学部の補導委員長をしていたせいで、午前六時ごろ、駆けつけてきた事務職員に叩き起こされた。

学生の実家は、北九州にあった。いくら電話しても通じないので、警察電話で現地の警察から親に連絡を取ってもらっているとのこと。事務職員は、言った。「この件の処理は、補導委員長の森下先生がやってください」

自殺学生の遺体は、大学病院で司法解剖に付された。夕方、両親が九州から駆けつけてきた。遺体安置所には、全共闘系の学生四、五十人がつめかけた。自殺学生は、全共闘に近い者であったのだろうか。

私は、両親に尋ねた。「明日、葬儀をします。宗派は、何ですか。」両親は言った。「仏教です。先生、すべてお任せします。」そこに、警察官が来て、両親に「あなたの息子さんかどうか確認してください」と言った。私も、それに立ち会った。遺体は、手足が黒こげ（見るも、無残！）であったが、両親は、わが子の顔を見て、「息子です」と言って、泣きくずれた。両親の歎きぶりは、見るのもつらかった。私は、言った。「私が、お経を唱えてあげましょう」

私は、戦時中、学生のころ二年半、毎週三回、禅寺に通って参禅したことがあった。そのせいで、般若心経を唱えることができた。私は、和尚と同じくらい朗々と声を上げて、般若心経を唱た。両親は、両手を合わせて泣いていた。

翌日、遺体は、茶毘《だび》に付せられた。両親は、白布で包んだお骨を抱いて、泣きながら郷里に帰って行った。やつれ果てた両親を見送る私は、つらかった。

この件があって以降、全共闘系学生の間では、「森下先生のお経は、岡大名物ナンバー・ワン」という評判が立った。それはともあれ、各種の新聞記者が私のところにやって来て、「自殺の原因は、何か」をしきりに問うた。大阪の一流企業に就職が決まっているのに、卒業前に焼身自殺するとは、派閥闘争のはざまに置かれていたのかを、うるさく問うのであった（後日、彼の友人から聞いたところでは、彼女のことで悩んでいたらしい）。

この事件があって一か月ほど後、両親から手紙が来た。それには、次のように書かれてあった。

「私たちは気が動転して、ただただ泣くばかりでした。森下先生は、すべてを取り計らってくださいまして、お礼の言葉もありません。とりわけ、先生にお経を唱えていただいたことは、ありがたくて、今でも涙が出ます。こんなりっぱな先生がおられるのに、なぜ、息子は死を選んだのだろうかと、それが悔まれてなりません。ここに、私たちがついた餅を送ります。私たちの気持ちです。どうか、これを召し上がってください」

両親の手紙は、とうてい涙なしに読めるものではなかった。あの学生が私の演習生であったら、悩み事の相談にのって上げたであろうにと、悲しみがこみ上げてくる。般若心経を唱えて上げたことが、せめてもの供養となった。

7 マル青同による学内殺人

一九七五年（昭50）五月二五日の夜、岡大の教養部構内で、マル青同（マルクス主義青年同盟）（＊）による岡大生殺害事件が発生した。

＊ 一九七三年に結成されたブント系の新しい極左派の一つ。一九八八年、「民主統一同盟」

に改称。構成員は、全国で三〇〇～四〇〇人と見られる。

マル青同を名乗る新左翼派は、一九七五年四月以降、岡山大学でオルグ活動を行った。当時、マル青同は、中国地方に有力な拠点校がなかったので、岡大を拠点にしようとして乗り込んで来た。

マル青同は、岡大教養部構内にあった寮（北津寮《ほくしん》）に乗り込み、その一部を占拠した。そのため、これを追い出そうとする寮生らとの間で対立が深まった。五月二五日夜八時すぎ、教養部構内でマル青同側と寮生らとが対峙した。この状況を東西道路から現認した警察は、不測の事態の発生が予想されるとして、「出動要請するよう」、大学当局に対し、二度にわたって申し入れた。が、大学は、この状況を楽観視して、警察側の申入れに応じなかった。

マル青同は、マイクロ・バスに乗っていた。寮生側は、これに対し、「出て行け」と叫んでいた。突如、マル青同は、車のライトを消して突進し、寮生側の最前列にいた学生大沢真君（理学部一年生）をひき殺したほか、十数人に重軽傷を負わせて逃走した。

大沢君の遺体は、四日後、岡大北部の山中に遺棄されているのを登山者によって発見された。

岡山県警は、特捜本部を設けて、マル青同の徹底的検挙に乗り出した。その結果、岡大生のほか、京大生、北大生、広大生、専修大生、中央大生、熊大生ら計三〇人（女子二人を含む）を逮捕した。マル青同は、警察に追いつめられて壊滅状態に陥ったそうである。

8　岡山での刑法学会大会

焼身自殺の学生の件が済んでホッとしているころ、日本刑法学会大会の実行委員の教授から「一九七二年（昭47）秋に開催予定の第四五回大会を岡山大学で引き受けてもらえないか、という次の電話があった。

「日本大学での開催が決まっているのだが、日本大学では、紛争の余塵が今なおくすぶっているし、東京諸大学のセクトの連中が刑法学会大会を粉砕すると気勢を挙げている。岡山で開催となれば、東京からセクトの連中が岡山まで遠征して会場に押しかけることはないだろう。頼む。引き受けてください」

私は、承知した。「頼む」と言われると、〃ノー〃と言えないのが、おめでたい私の性分である。ところが、これが大変なことになった。

戦後、始められた刑法典の改正作業は、刑法改正準備会が作成した一九六一年の「改正刑法準備草案」を経て、一九六三年（昭38）、法務大臣から法制審議会に対して発せられた諮問にもとづき、法制審議会刑事法特別部会で審議が進められていた。この改正作業の中で最も議論の的とされたのが、保安処分の新設であった。ヨーロッパ諸国では、一九三〇年ごろから「治療改善処分」、「保安行政処分」、「社会防衛処分」などの名称で、保安処分（これは、学問上の名称である）が導入されている。しかるに、わが国では、「保安処分イコール保安拘禁」という先入観が強いため、精神障害者グループや進歩的（と称する）刑法学者をはじめ、過激派学生グループによる保安処分反対運動が、全国各地でくり展げられていた。

反対運動の鉾《ほこ》先は、日本刑法学会と日本精神医学会に向けられ、学会大会の粉砕行動となった。反対グループの要求は、⑴学会として「保安処分反対」の決議をせよ、⑵法制審議会刑事法特別部会に委員・幹事として出ている学会員は、全員辞任せよ、というものであった。

現に、この反対運動の槍玉に挙げられたため、精神医学会大会が開催できなかった事例もあった、と伝えられている。学会大会を警察の警備の下で開催することは、避けなければならない。学会大会を大学内で開催すれば、反対派の連中は、「学会粉砕」を叫んで、会場に乱入することは、必定。さりとて、学外の会場を借りたとしても、警察に守られての学会大会を開催すれば、「学会と警察は、一心同体か」という批判を受けることも必定。

そこで、私は、岡山市内の旭川のほとりにある新築の衛生会館（医師会館）を、秋の土、日曜の二日間、借りることにした。衛生会館は、日本三名園の一つである後楽園と向かい合っていて、環境はすばらしい。

ところが、学会大会の日が近づくと、関西方面から、中核派、革マル派などの急進派セクトのほか、「保安処分反対」グループが岡山会場に押し寄せる見込みが高まった。岡山大学の構内には、「犯罪的刑法学会を粉砕せよ」「犯罪的刑法学会準備の罪で森下教官を糾弾せよ」などのビラが、各所に貼られた。

当時、日本刑法学会の理事長は、東大の団藤《だんどう》教授であった。私は、しばしば団藤教授と連絡を取り、岡山における緊迫した状況と合わせて、岡山会場（衛生会館）における警備方針をお知らせした。団藤理事長のお考えは、次のとおりであった。――暴力集団によって学会大会が開催不能になる最悪の事態は、なんとしても避けたい。他方、保安処分に賛成するか反対するかは、学問の自由に関することである。日本刑法学会として反対決議をすることは、あってはならない。さりとて、警官隊に警護された中で学会大会を開くことは、良くない。

私は、団藤先生の意向に沿って、具体的にどうすべきかに苦慮した。頼りになる刑事法の教員がいないので、一人で対策を練った。幸い、岡山県警には岡大卒の教え子が課長・課長補佐となっているので、うまく打ち合せができた。それは、刑法学会の側から特別の警備要請はしないが、一箇小隊ほどの警官が旭川の河川敷の辺りで待機していて、暴徒らが会場に投石しようとするとか、会場に乱入しようとすれば、警察独自の判断で対処する、というものであった。

会場内では、森下ゼミナールの学生が受付事務などのほか、警備に当たっていた。十数名のゼミ生は、実によく協力してくれた。こうして、二日間にわたる学会大会は、無事に終わった。

学会大会の当日「刑法学会粉砕」を意図する約五〇人のセクト学生らが、関西から列車で岡山までやって来た。この年の三月、新幹線は大阪から岡山まで延長されたのであるが、彼らは、在来線の列車で岡山まで来たのである。赤ヘルメットをかぶった彼らは、会場周辺でデモをし、アジ演説をしたり、「保安処分反対」のビラをまいただけであった。

9　岡大における団藤教授の講演

学会大会の翌日（月曜日の午後一時半から）、岡山大学において、団藤教授の「刑法における主体性の理論」と題する講演が予定されていた。

その講演のことは、数日前から学内に掲示されていた。その掲示を見た「保安処分反対派」の（関西からやってきた）いわゆる外人部隊は、「団藤粉砕」を叫んで、講演会場に押しかけることを企図していた。犯罪的刑法学会の理事長の責任を追及する、という口実のようである。彼らは、講演会場に乱入したくらいで大学は機動隊の出動を要請することはないだろう、と見込んでいた。

この情報を事前に察知した私は、月曜日一時限の、（私の担当する）「刑法総論」の講義の時間を、当日、団藤先生の講演に切り替えた。団藤先生は、岡大の前身である六高（旧、第六高等学校）の出身であったので、特別の感懐をこめて、この講演をされた。熱のこもった団藤先生の講演は、学生に深い感銘を与えた。

この日の午後、「団藤粉砕」を叫ぶ連中が、講演会場に押しかけてきた。その教室の黒板には、「団藤教授の講演は、午前中に終わりました」と書かれてあった。セクトの連中は、肩すかしをくらわされたのである。

これは、今では昔話になった。岡山での刑法学会大会から後、「○○反対」などを叫んで刑法学会大会に押しかける者はいなくなった。岡山での学会大会の開催を引き受けた私は、大任を果たすことができて、うれしかった。

10　心に残る体験

岡山大学に赴任して以来、かなりの数の大学から専任教員としてお迎えしたいとの招聘を受けた。その中には、誠意をもって熱心に招聘された大学もあった。が、私は、いずれも丁寧にご辞退した。田舎大学にいても、自分独自の研究はできる、と考えたのである。

心の底には、画家ミレーらが、古典派の画壇から離れて、パリ南郊のバルビゾン（Barbizon）村で、素朴な農民の生活を描き、一向に絵が売れないまま苦しい生活を続けた芸術家魂に共鳴するものがあった。

余談ながら、パリのルーブル美術館に展示されている絵の中で、私が最も心を惹かれるのは、ミレーの「晩鐘」（Angelus）である。あの絵の前でじーと一時間でも佇んで見入っていると、アンジェラスの鐘の音が聞こえるような気持ちになるのである。そして、しばし農作業の手を止めて「夕べの祈」を唱える若い夫婦の、つつましやかで敬虔な姿に心を打たれるのである。

岡山在住三五年の間、最も心に残る二つの体験があった。

その一。カトリック教会の神父（ベルギー人）のお供をして瀬戸内海の愛生園を訪れたこと。ここは、らい予防法にもとづいて収容されているハンセン氏病（らい病）の人たちの住む島である。そこには、各宗派の小さい礼拝堂がある。カトリックの小聖堂では、信仰深い人たちが、聖書を読み、聖歌を歌っていた。その中には、眼の見えない人、指のない人もいた。「指なき合掌」の姿を見て、私は、「神様のお恵みがあの人たちの上にありますように！」と、ひたすら祈った。

教会の神父は、週一回、オートバイに乗って愛生園を訪れ、小聖堂でミサを捧げている。信者たちの敬虔な祈りを聴いていると。涙がこみ上げるほど心を打たれる。彼らは、死後、天国に行き、主を仰ぎ見て、永遠の安らぎを得るであろう。

その二。マザー・テレサが、二回目の訪日をされた一九八四年の一一月二三日、広島訪問を終えて岡山に来られ、カトリック岡山教会で、聖堂の内と外につめかけた約八〇〇人に、インドのカルカッタにおける「死を待つ人の家」の話をされ、愛の奉仕への協力を呼びかけられた。その講演の通訳をされたのは、ノートルダム清心女子大学の渡辺和子学長（＊）であった。マザー・テレサは、一語一語、かみしめるような言葉で、日本における宗教宗派を超えた、「マザー・テレサと共に働する会」が岡山で最初に発足したことに感謝し、「今後ともご協力をお願いします」と言われた。

＊　一九三六年の二・二六事件の際、反乱軍によって暗殺された渡辺錠太郎教育総監の息女。

当時、九歳。父が暗殺されるのを眼の前で見た。

謙虚に、しかも愛をこめて語るマザー・テレサの言葉は、聴く人びとの胸にひびくものがあった。私の日記には、次のように書きしるされてある。

「満堂の参会者一同は、涙をうかべて、この聖者の話を聞いた。マザー・テレサの話は、これまで私が聞いた話の中で、一番、感銘深いものであった。一番貧しい人、一番小さな者のために身を捧げてキリストの道に従うことを、マザー・テレサは、熱愛をこめて語りかけられた。シスター渡辺（清心女子大学長）の通訳もすばらしいものであった。」

第六章　広島大学教授のころ

1　広島大学に移る

一九七六年（昭51）一一月、広島大学教授になった。実は、その一五年ほど前から、広島大学の金沢文雄教授から、「広島大学に移ってください」という好意あるお招きを受けていた。金沢氏は、岡山大学の教官陣の中には民青系（共産党系）の教官が多くいて、そのため森下氏は苦労している、ということを兼ねてから知っていたのである。

ついに、私は、一九七六年の秋、広島大学に移った。それは、民青系教官陣との対立に嫌気が差したからである。民青系教官いわく、「アメリカ（米国）が行う原水爆の実験は、アメ帝（アメリカ帝国主義）を推進するためであるので、断じて許すべきでない。これに対し、ソビエトが行う原水爆の実験は、アメ帝を食い止めるためのものであるから許される」

これに対し、私は、「すべての原水爆の実験に反対だ。いずれの国が行うものであれ、原水爆の実験が正当化される理由は、断じて存在しない」と主張した。民青系教官は、私のことを「保守反動」だ、と呼んだ。民青系教官およびそのシンパが過半数を占めるので、それに同調しない者には、「保守反動」のレッテルが貼られる。

こうした雰囲気に愛想をつかした私は、広島大学に移ることを決心した。

2 社会人入試制度を導入

広大に移るや、入試制度検討委員に任命された。私は、社会人入試制度、すなわち、高校を卒業してから、数年を経過した者につき共通一次試験を受けることなく、小論文と英語の試験に合格すれば入学を許可する制度を採用すべきことを教授会で強調し、教授会の承認を得た上で、全学の入試制度検討委員会で提案した。社会人入試制度は、一年前、立教大学で導入されていたが、国立大学では初めてであった。そのような事情で、全学委員会では異論があったが、私は、他学部の委員を説得した。

夜間部（第二部）についてではあるが、社会人入学を認める制度は、国立大学での最初の制度として大きな反響を呼んだ。文部省からは、広大の改革努力に敬意が表された。

3 社会人学生

翌年（一九七七年）四月、社会人入試による入学生（社会人学生）が、入学した。彼らの多くは、昼間働いている者や子をもつ母親であった。彼らの勉学意欲は、想像以上に強いものであった。教室の雰囲気が、大きく変わった。社会人学生は、礼儀正しく、かつ、熱心に学んだ。

ふしぎに私は、社会人学生に人気があった。「落語と漫談が織り込まれていて、講義がおもしろいし、よく分かる」というのが、その理由であったようだ。

ある年の秋、女子の社会人学生数人がやって来て、「在学中の思い出にするため、森下先生とピクニックに行きたいのです。お忙しいでしょうが、お願いします」と言った。私は快く承諾して、提案した。岩国市（山口県の東端にある）の有名な錦帯橋を訪れ、あそこの川原で弁当を食べよう。その後で岩国少年刑務所（現在は、女子刑務所）を見学に行こう。「刑務所見学」と言えば、勤務先から休暇を取りやすい者もいるだろう、と。

すばらしい秋晴れの日、男女約二〇人の学生と一緒に天下の名勝錦帯橋（アーチ形の五連の木橋）を訪れ、思い出の写真をとり、錦川の清流を見ながら弁当を食べた。

錦帯橋からほど近い所に、天然記念物の白蛇の小屋がある。そこには、大きな白蛇一匹がとぐろを巻いて生きていた。その白蛇を見ると長寿と幸運に恵まれる、という言い伝えがある。学生たちは、珍しい物を見たと言って、大喜びした。

刑務所を見学した後、広島市内の庶民的フランス料理店でワインを飲み、皆で歌を歌った。写真を撮った。学生らは、忘れがたい思い出を胸に刻んだようである。

ある年の卒業式の後で、男子の学生がやって来て、言った。「大学生活のうち、刑務所見学が一番勉強になりました。いつまでも思い出として残ります」

4　原爆投下と広島刑務所

刑事政策の講義の一環として、私は、毎年、二、三十人の男女学生を連れて広島刑務所の参観に行った。そして、講義の中で、次の話をするのであった。

原爆が投下されて、広島市内は壊滅した。爆心地から約二キロ南にある広島刑務所も、所内のほぼ全部の施設が倒壊し、一、二〇〇名の受刑者のうち、少なからざる数の者が死傷し、まさに生地獄のようであった。それにもかかわらず、市の中心部よりも死傷者の数が少なかったのは、特別堅固に造られた外塀（四・五メートル）が爆風を防いだからである。

被爆した市民が、「助けてください。中に入れてください」と言って刑務所にやって来た。刑務所の職員は、西側の川沿いにある通用門から、これらの被爆者を中に入れて、介護した。被爆者の中には、血だるまの幼児をしっかりと抱いたまま、所内に入ってから息を引き取った若い母親もあった。

刑務所は、軍の要請を受けて、炎天下、原爆で死亡した者の死体（悪臭が鼻をつき、銀ばえが黒く付いていた）約二〇〇を処理した。この死体処理作業に従事した刑務官や受刑者は、放射能を浴びて（事後被爆に因り）なんらかの後遺症に罹っていないであろうか。

これは、昔話ではあるが、刑務所参観をした学生らは、心に残るものを感じたようである。

5　『若き志願囚』の刊行

京大法学部（旧制）の三回生（第三学年）の時（一九四九年）、志願囚となった。その記録が、翌年三月、京都市治安協会連合会から、『若き志願囚』として刊行された（本書七四頁）。この書は、主に京都を中心とした範囲のほか、一部の矯正関係者の間で読まれていた。

ところで、一九七九年（昭54）、（財）矯正協会から鬼塚賢太郎著『偽囚記』が刊行された。この書は、敗戦後まだ日の浅い一九四七年（昭22）、東大の学生であった鬼塚賢太郎、柏原允《まこと》、角田《つのだ》信三郎の三君が、横浜刑務所で志願囚の生活をしたことの体験記であった。

当時、矯正協会の会長は、「矯正の父」として全国の矯正職員から篤い信望を寄せられていた中尾文策氏であった。その中尾会長から度重なる要望を受けて、一九八〇年（昭55）八月、拙著『若き志願囚』が、矯正協会から刊行された。この書には、団藤重光先生（最高裁判所判事）、中尾文策先生および豊島英次郎氏（法務省矯正局長）が、心温まる過分の序文を寄せてくださった。中でも、団藤先生は、その「はしがき」において、次のようにありがたい言葉を書いてくださった。

――その上、森下君は、なかなかの文筆家であって、それぞれの場面が目にみえるように活写され、出て来る人物の一人ひとりが自分の個性をもって生きている。読みはじめると、まるで小説のように面白い。しかも、将来の刑法学者・犯罪学者であるこの「若き志願囚」は、随所に統計資料などまで挿入して、自分の体験の叙述にいっそうの客観性をもたせようと努力している。そうして、その全部（『若き志願囚』）を通じて流れているのはあたたかい人間愛である。これらのすべては、いまや令名の高い「森下教授」の学問にとって、貴重な血となり肉となっているにちがいない。――

6　大阪刑務所を再訪

矯正協会から『若き志願囚』が復刻されたのを機に、大阪刑務所（以下「大刑《だいけい》」という。）から職員研修の一環として、職員のための講演を頼まれた。

一九八〇年（昭55）一〇月、大刑に行き、所長室に入ると、懐かしや、志願囚として働いた工場の元担当・看守部長の駄田井《だだい》周次氏が、私を待っていた。実に三一年ぶりの、懐しい再会であった。それから、昔話に花を咲かせた。駄田井氏は、「森下先生が志願囚であるとは、本が出るまで知りませんでした」と言い、私は、「これからどうなることかと、胸ドキドキでした」と言った。

折しも、毎日新聞の記者がこの場に居合わせて、この再会の様子をその日の夕刊に写真入りで載せた。

大阪刑務所（旧庁舎）と著者　1980年

（あとがき）　この再会から数年後、駄田井氏が逝去されたとの報に接した。私は、堺市内にある駄田井氏宅を訪問し、ご仏前に焼香し、ご家族と共にお墓参りをして、駄田井氏のご冥福を祈った。ご家族の方は、「森下先生がお墓参りに来てくださった」と、心から喜んでおられた。思えば、駄田井氏は、口数の少ない、温厚な方であって、工場で働く二六〇人の受刑者から「おやじ」と慕われていた。受刑者たちは、「おやじに迷惑のかかるようなことをしては、いかんぞ」と話し合っていた。教えられることの多い、りっぱな人であった。

7　志願囚体験を語る座談会

それから二年後の一九八二年（昭57）五月一四日、岡山国際ホテルにおいて、「志願囚体験を語る座談会」が開かれた。この座談会では、団藤先生（最高裁判事）をはじめとして、志願囚となった元東大学生である鬼塚賢太郎氏（岡山地裁所長）、角田《つのだ》信三郎氏（大学教授）、柏原允《まこと》氏（検察官）の三氏と私（岡山在住）とが出席して、かつての思い出にひたりながら、志願囚の体験を語り合った。当時、団藤先生は、憲法週間の講演のため岡山に出張中であり、鬼塚氏は岡山地方裁判所長であったので、この絶好の機会にということで、角田氏と柏原氏にも東京から駆けつけていただいて、得がたい座談会が実現することになった。その時に寄せ書きした色紙は、私にとって記念の宝となっている。

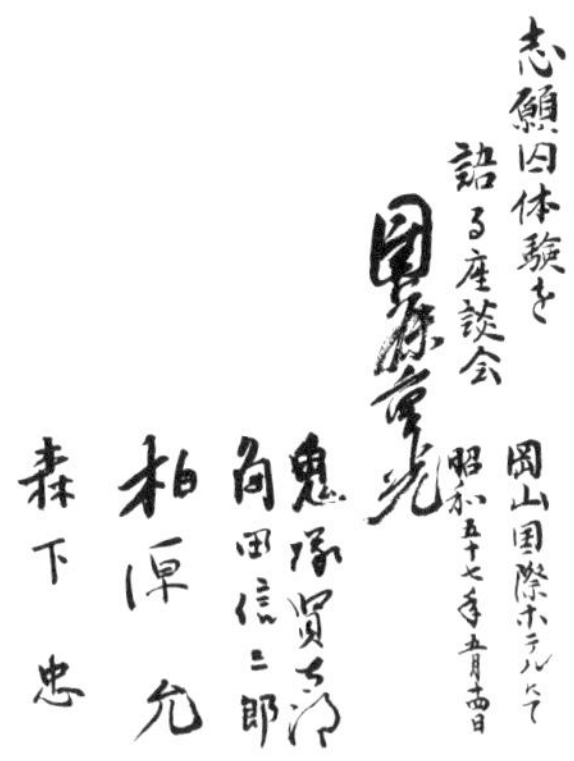

志願囚の体験を語る座談会色紙

後日、座談会の写真を団藤先生に送ったところ、「あの座談会は、小生にとっても大変有意義でした。楽しい思い出としていつまでも記憶に残ると存じます」というお礼状が届いた。

この座談会の記録は、中尾文策先生の誌上参加という形で、「刑政」誌九三巻一〇号（一九八二年一〇月）に、「志願囚体験を回想する」という題で掲載されている。

8　矯正職員のやさしく輝く眼

『若き志願囚』を刊行したご縁で、私は、北は網走刑務所から南は沖縄刑務所まで、数多くの矯正施設（刑務所、拘置所、少年院、少年鑑別所）を参観し、その機会に施設長（所長、院長）はじめ幹部の方々と知り合いになり、時には施設のクラブに宿泊して、夜遅くまで語り合った。それらの機会に得た知識や人生哲学は、実に貴重なものであった。

とり分け感心したのは、所長や幹部の中には、文芸に親しんだり、あるいは音楽にくわしく、あるいは園芸につき深い知識をもっていたりしていて、深い趣味をもっておられる方が多いことである。中でも、在官中から刑罰史の研究に励んで来られた佐々木満氏（刑務所長、矯正管区長を歴任）が、多年の成果を取りまとめた大著『刑罰史・行刑史雑纂』（一九九九年、矯正協会刊）は、大学教授も及びえない業績である。

（ついでに一筆）　全国各地の矯正施設を参観したきっかけは、学会出席のため各地を訪れた機会に足を伸ばして、ということもあれば、矯正管区長や施設長から「参観に来てください」というお誘いを受けたこともある。そのうち、妻を同伴しての参観は、北海道から九州にまで及んでおり、その施設の数は、二〇近くになるであろう。

妻は、いくつもの矯正施設を訪れて、「矯正職員の眼は、やさしく輝いている」という感想を述べた。ここで、「やさしく」とは、職員が被収容者（受刑者ら）にやさしく温かい眼で接しているということであり、また、「輝いている」というのは、陽の当たらぬ地味な職場で愛の灯火をともしてあげようという、生き甲斐が感じられるということである。

私は、このことを「刑政」一〇七巻六号（一九九六年六月）の「刑政時評」欄に「やさしく輝く眼」と題して書いた。この随想については、実に多くの矯正職員から「深い感銘を受けた」、「職務について新しい喜びが湧いてきた」などという感想が寄せられた。

さて、数多くの矯正施設を訪問し、施設長らと語り合った中で、今でも忘れがたい二つの事柄を記述しておきたい。

9　広島拘置所で刑場を参観

ある年、広島拘置所で職員研修のための講演を依頼されて、同所を訪れた。所長が、所内を案内してくださった。私は、所長に従った。ところが、ある部屋の扉を開けて、中に入ったとたん、思わず、「アッ」と息をのんだ。そこは、刑場（死刑執行場）であった。

刑場は、きれいに拭き潔められてあった。最も厳粛な場所なのだ。壁側の中央上段には、神棚のようなものがある。所長の説明では、あそこに絞縄《こうじょう》（絞首に用いる縄）が、大事に収められているとのこと。なんだか心臓が氷つくような感じがした。死刑執行の日には、真新しい白い紙を絞縄に巻くのだそうだ。

所長は言った。「森下先生には、刑場の真実を知っていただきたいのです」

10　静岡監獄の出所者吾助《ごすけ》の話

一九八三年八月、妻を伴って岐阜刑務所を参観した。所長の前林勇氏は、音楽に造詣の深い人であった。前林所長が、わが国における更生保護会の始まりにまつわる話をしてくださった。それによれば――

明治二〇年ごろ、静岡監獄に凶悪犯罪を犯して重い刑に処せられた吾助《ごすけ》という受刑者がいた。彼は、多くの看守らが手を焼くほどの厄介受刑者であったが、典獄（今でいえば、刑務所長）であった川村矯一郎が熱心に訓戒をしたため、心底から悔悟するに至り、出所の時、「今後は、絶対に罪を犯すようなことはいたしません」と誓った。

一〇年余り獄中にあった吾助がわが家に帰ってみると、父母はすでに亡く、妻は、他人の妻となっていた。吾助は、親類を訪ねて一夜の宿を乞うたが、追い返された。やむをえず、警察署に行き、助けを乞うたが、「警察は、出所者を助ける所ではない」と断わられた。

寝る所も食べる物もなかった。吾助は、「このままでは、再び罪を犯すことになる。それでは、川村典獄との約束を破ることになる」とて、川村典獄に宛てた長い書置きを残して、村外れの池に身を投げて死んだ。

この事実が明るみに出るや、静岡地方の人々は、大きな衝撃を受けた。この痛ましい事実に心を動かされた金原明善と川村矯一郎は、明治二一年、県下の有力者の協力を得て、出獄人保護会社という名称の施設を設立した。これが、日本で最初の更生保護施設といわれる（＊）。

＊　森下・刑事政策大綱〔新版〕（一九九三年、成文堂）二七九頁をみよ。

岐阜刑務所長は、私の願いに応えて、後日、静岡の出獄人保護会社の設立に関する資料を届けてくださった。この話を聞いて、私は、しみじみと考えた。凶悪犯の吾助を悔悟させるまで訓《おし》え導いた川村矯一郎という人は、りっぱだなア。私なぞ、とうてい及びえない。それにしても、「絶対、二度と罪を犯しません」との誓いを命がけで守った吾助が哀れでならない。――飢え死しそうな時には、食べ物を盗っても、緊急窃盗として許されるのに。

吾助の話を聞いて以来、私は、刑罰論と刑事政策とを推進することの重要性を自覚した。

広島大学在職中、研究に専念することができた。広大の在職期間は一〇年半ほどであったが、その間、私は、刑事政策と国際刑法の研究に没頭した。刑事政策大綱ＩⅡ（一九八五年、成文堂）をはじめとして、国際刑法研究第一巻（一九七九年）から第六巻（一九九三年）まで（いずれも、成文堂刊）は、広大時代の仕事である。

第七章　駿河台大学

1　駿河台大学に移る

広島大学を停年退職した私は、一九八七年（昭62）四月、新設の駿河台大学《するがだい》（埼玉県飯能市）（以下「駿大《すんだい》」という。）の教授となった。この大学は、学校法人駿河台学園（駿台予備校などから成る）が創設したものである。

就任の要請を受けた時、私は、学長候補者の星川長七氏（早大名誉教授）に対し、「学閥的意識のない、自由清新な学風を創るべきだ」と進言し、星川氏は、これを了承した（しかし、実際にはそうでないことが、後日、判明した）。

その後、送られてきたカリキュラム（案）を見ると、専門の「刑法I」（刑法総論）は、二年次の学生を対象とするものであり、絶対必須科目とされている。私は、大学設立準備委員長である星川氏に、「刑法Iを絶対必須科目とせず、選択必須科目にするように」との意見書を送った。これに対し、星川委員長から、「教員予定者の意見を聴くことはしない。設立準備委員会が責任をもって決定する」との返信が届いた。

2　学生の答案

開学二年目の四月から「刑法Ⅰ」（刑法総論）の講義が始まった。

大教室（四〇〇人収容）に出てみて、驚いた。あきれた。三二〇人入学した者のうち、二〇〇人ほど出席している。が、私語は止まず、缶コーヒーや缶ジュースを飲む者もいて、全般に行儀はよろしくない。

私は、何度も、「君たちの学習態度は、なっとらん。勉強する気持ちのない者は、教室に出るな」と怒鳴りつけた。すると、次の週から、出席する学生はどんどん減って、ついに約八〇人が、常時出頭して静かに講義を聴くようになった。

私は、時々、講義の終わる前、B5サイズの紙を配って、「私の講義についての感想、大学当局に対する要望など、なんでもよいから自由に書いてください」と言った。これは、出席者を確める目的もあった。

紙片を集めてみると、いろいろなことが書かれてある。「森下先生の講義は、駿大で唯一の、眠くない講義です」、「森下先生の語り口は、（桂）米朝ばりの落語の味があって、魅力的です」、「森下先生は、どこで落語の勉強をなさいましたか」、「森下先生の人気は、駿大でダンゼン一番。学長の選挙権が学生に与えられたら、森下先生は、次期学長になるでしょう」など、など。

学年末の試験の日、二年生全員が、いくつもの教室に分かれて試験を受けた。平素は、約二五％の学生しか授業に出ていないのに、必須科目の試験であるので、全員が試験を受けに来た。試験問題は、「実行の着手」、「中止犯」、「原因において自由な行為」、「期待可能性」という基本的な問題を出し、そのうち二問を自由選択とした。

答案を見て、ガク然とした。約四割が白紙である。「サッパリ、わかりません」「一度も講義に出ませんでした」「我ながら、恥ずかしいです」

忘れがたい答案がある（今も保存）。

男子学生の答案　「ぼくが森下先生を殺そうと思って、先生の車の下部に時限爆弾を仕掛けた。だが、〝森下先生は、口は悪いが、人柄はとても良い人だ〟と考え直して、時限爆弾を取り外した。これが、中止犯です。」――これが、「中止犯」の答案。

女子学生の答案　「おいしい肉じゃがの作り方を先生に伝授します。肉を○○グラム、じゃが芋を○○グラム、玉ねぎを○○グラム……を用意して、肉じゃがを作る。それを傍にいる森下先生が、じゃんじゃん食べる。私は、どんどん作る。森下先生は、それを全部食べて、死んだ。この責任は、私にあるのでしょうか。森下先生にあるのでしょうか」――これが、「原因において自由な行為」の答案である。

この答案には、氏名が明記されてあった。私は、女ながら度胸があるな、と感心して、彼女を呼んで注意することはしなかった。そして、新年度の講義で、「原因において自由な行為」の問題について講義した折、この肉じゃが答案の話をした。もちろん、「ふざけるな」という意味で――。ところが、その学年度の刑法Ｉの試験の答案中、「先生、ぼくは、おいしいカレーご飯の作り方を伝授します」と書いた、男子学生の答案があった。

駿大では、それから一年後、二年後にも、「刑法Ｉ」の単位を取得できなかった学生に受験の機会を与えた。それでも単位（60点以上）を取れない者に「再試験」を行った。合計四回、受験の機会を与えたことになる。それでも、不勉強な者、つまり、箸にも棒にもかからない答案を書いた者六六人には、不合格点「Ｄ」を付けた。

3　「仮卒業」という温情卒業

卒業者認定の教授会で、学部長和田英夫（憲法、行政法）は、「森下教授は、これだけの数の学生につき不合格点を付けながら、〃どうしたものでしょうか〃と、学部長である私の許に相談に来なかった」と言って私を詰問した。また、政治史の松本三之介教授（東大名誉教授）は、「なぜ、森下教授は、全員に合格点を付けなかったか」と、私を非難した。彼らは、大学設立準備委員であったのに、（刑法Ｉを絶対必須科目にしたことにつき）責任を取ろうとしなかった。東大卒だとか、東大名誉教授だとか言って、それを鼻にかける者の中には、愚かな者がいるものである。
教授会は、採決の結果、右の六六人全員を仮卒業させることを決めた。正規の卒業日は三月二五日であるが、仮卒業の者は、三月三一日付けの卒業証書を四月一日に交付する、というのである。この「仮卒業」については、一橋大学の教授であった経済の教授が、「一橋大学では仮卒業の制度を採用している」と言ったので、駿大の教授会と理事会は、救いの舟とばかりに「仮卒業」という苦肉の策を取ったのである。

(あとがき)　後日、一橋大学教授から聞いたところによれば、一橋大学ではそのような「仮卒業」の制度を採用したことはない、という話であった。

ところで、〝仮卒業〟の件を朝日新聞社にワープロで打って投書をした者がいて、朝日新聞の全国版に「駿河台大学の温情卒業」という見出しで、大きく報道された。たちまち、「あの投書は、森下教授がしたに違いない」として、私は、全学のきびしい風当たりにさらされた。私は、当時、ワープロを全然打てなかった。
後日、投書の主は、ワープロの名手と呼ばれた某教授と判明した。彼は、やがて他の大学に転出した。彼は、かねてから理事長（山崎春之）の金儲け主義の大学経営をきびしく批判し、大学幹部と衝突して、辞表を提出していたのであった。

4　駿台帝国

駿大は、駿河台学園が創設した大学であるが、理事長のワンマン経営の大学であった。私は、長らく岡山に住んでいたので、駿河台学園の実情なぞ、知る由もなかった。ある週刊誌（週刊文春二〇〇七年一〇月四日号）は、駿台予備校を「売上げ三〇〇億円以上の超名門予備校」として取り上げて、〃駿台帝国〃の「華麗なる一族」における「骨肉の争い」を報道している。別の週刊誌は、「年商五億円の駿大経営」として報道した。

理事長は、大学の学則では「大学を統督する」権限を与えられているので、鶴の一声で学長を解任することもできた。現に、二代目学長を「会議の席上での発言が気に入らぬ」とて、即日、解任した。ここで「統督」という文言は、学校教育法九二条三項「学長は、校務をつかさどり、所属職員を統督する。」の規定にならったものと思われる。しかるに、駿大では、あたかもナチス・ドイツのヒットラー総督のごとく、理事長はあらゆる事柄につき一存で決定する権限を有する、と考えられていたようである。

理事長は、大学を創設するや、書籍・文房具の売店、食堂等を経営する会社を設立し、自分の息子（駿大の一期生）を取締役に就けて、経営に当たらせた。その息子は、一年生の時から卒業まで一度も私の担当する「刑法Ⅰ」の講義に出席しなかった。彼は、三年間に四回、「刑法Ⅰ」の試験を受けたが、合格点（六〇点）を取ることができず、結局、「仮卒業」で卒業した。

理事長は、六六歳の時、三度目の結婚をし、二〇一〇年に死亡。理事長は、息子が継いでいる。「骨肉の争い」は、相続争いに係るものである由。

5　建学の精神は、「愛情教育」

駿大では、創設当初、「きびしく教育する。できない学生は、どしどし落とす」を〝建学の精神〟とした。

ところが、「仮卒業」で世間の批判を受けるや、建学の精神は、「愛情教育」に転換された。ここにいう「愛情」は、〝温情卒業〟に現れた「温情」と同じもののようである。「建学の精神」なるものは、大学内で議論されたことは一度もなく、理事長が一存で決めているのだ。以後、今日に至るまで、駿大では、「愛情教育」が大学の理念とされている（大学案内による）。

6　思い出に残る学生

仮卒業問題で揺れた駿大ではあるが、思い出に残る学生が、幾人もいた。その中の一人に、安理華さんという、日本生まれの韓国人学生がいる。

彼女は、二年次の学年末試験を受けた。答案の出来は良くない。「外国人だから日本語がうまくできないのだろう。眼をつぶって合格点を付けるか」と、私は、思い悩んだすえ、不合格点を付けた。四月の新学期から、彼女は、教室の中央前寄りを定位置にして、毎週出席し、熱心に講義を聴いた。学年末の試験の答案を見ると、良くできている。私は、気持よくA（80）点を付けた。しばらくして、学生控室近くの廊下で、彼女にパッタリ会った。私は、言った。「あなたは、よく勉強しましたネ。良い答案でした。」これに応えるかのように、彼女は言った。「先生、ありがとうございました。私は、一所懸命、勉強しました。良い点をいただくことができて、うれしいです。わたしは、森下先生を尊敬しています。先生は、本当の学者です。」彼女は、涙ぐんでいるかのようであった。

もう一人、カンボジア人のテリー（ファースト・ネーム）さんという女子学生も、思い出に残っている。彼女は、日本生まれの、日本育ち。私の担当する「刑法演習」に参加していて、学友たちから、「テリーさん」と呼ばれて、愛されていた。

彼女は、私に言った。「今、カンボジアは、国内の治安が乱れて、大変です。でも、いつの日にか、カンボジアに平和が訪れたら、わたしは、カンボジアに帰り、日本とカンボジアとの橋渡しになるよう、働きたいです」

それから何年か経って、ふとNHKテレビに彼女が写っている姿を見た。それは、日本がODA（政府の開発援助事業）の一つとして、カンボジアの河に大きな橋（「きずな橋」という名前）を架ける工事を施行していた時のこと。現地の作業員と日本企業の指導員との間で、言葉が通じないため、感情的対立状態になった。その時、テリーが仲に入って、両者の取りもちをし、二〇〇一年、無事、大橋の架橋が完成した、という報道であった。彼女は、結婚しているようであった。元気な姿がテレビに写し出されていた。テリーさんは、日本とカンボジアとの橋渡しの仕事をりっぱにやっていた。

7　わが道をゆく

一九九四年（平成6）三月、駿大を退職した。その退職前に、某私立大学から私に「ぜひ、学長に就任してください」という、丁重な要請があった。その大学の理事長は、誠実で礼儀正しい人であった。

しかしながら、私は、その丁重な招請をご辞退した。どうも、私の脳裡には、「長」と付く役職になりたくない、という気持ちがあった。神戸高商時には、分隊長として軍事教練の行軍に参加した際、張り裂けるような胸部の痛みのため倒れて、危く命を落とすところであった。また、岡山大学時代には、補導委員長として焼身自殺した学生の葬式まで万端の世話をした。

学部長とか学長とかの「長」の付いた人を見ると、多くの人は、それを機に研究の第一線から退いている。しかし、私は、平凡な一研究者として研究に没頭することを希求した。わが国ではほとんど未開拓の国際刑事法の領域につき、さらに何冊かの学術書を書きたい、という強い願望をいだいている。

妻は、かねてから言っている。「あなた、『長』の付く者にならないで！　独創的研究を世に遺すことを考えてください」

（あとがき）　一九九四年に駿大を退職して以降、私は国際刑法研究第七巻（一九九六年）から第一四巻（二〇一三年）に至るまで、このシリーズの学術書を八冊、刊行した。学長になればランキング一つ上の勲章をもらえたかもしれないが、私は、勲章には関心がなかった。天国では、勲章は意味をもたないからである。これにつき、本書二二一頁をご覧ください。そこには、次のことが書かれています。この世で大切なことは、「何をもらったか（どんな勲章をもらったか）」ではなくて、「人のために何をしてあげたか」ということです。

第二部　愚直、わが道をゆく

第一章　カラカス会議での衝撃

1　社会的周縁性と司法

一九七六年八月三日から七日まで、南米ベネズエラ（Venezuela）の首都カラカス（Caracas）において、第九回国際社会防衛会議が開かれた。この会議を主催するのは、国際刑法学会、国際犯罪学会などと並んで、刑事法および刑事政策の領域で大きな役割を果たしていて「大きい四つの学会」（Big Four）の一つといわれる国際社会防衛学会（Association Internationale de Défense Sociale＝AIDS）である。

会議の主要議題は、「社会的周縁性と司法」（social marginality and justice）であった。この会議には、五六か国から約七〇〇人が参加した。日本からは、最高裁判所の団藤重光判事、最高裁刑事第一課長の金谷利広判事（のち、最高裁判事）、法務総合研究所の鈴木寿一所長、国学院大学の沢登俊雄教授と私の、五人が参加した。

会議は、先般、国際海洋法会議が開かれた大きな会議場で、盛り上がる雰囲気の中で進められた。出席者の約三分の一は、地元ベネズエラの人たちであって、その中には多数の女性が含まれていた。聞いてみると、これらの女性の多くは、心理学・教育学・社会学などを修め、調査・鑑別・保護観察などの分野で働いておられるとのこと。

地元国の本会議への力の入れようは、大変なものであった。会議の議長には、ベネズエラ学界で最高の権威者といわれるメンドーサ（J. R. Mendoza Troconis）が就き、開会式には司法大臣があいさつ。閉会式には、司法大臣と最高裁長官のあいさつのあと、ペレス（C. A. Pérez）大統領の、熱のこもった演説があった。

会議は、主要議題をめぐって、社会学および法社会学、犯罪生物学、法学の三つの角度から討議し、そのあと周縁化（marginalisation）の解決策を採り上げた。このうち、法学部門の討議は二日目に行われたが、その議長をつとめられた団藤先生は、流暢な英語とフランス語でもって、名議長ぶりを発揮された。

2　社会的周縁性とは

社会的周縁性（social marginality）とは、なにか。

一九二八年、パーク（R. E. Park）は、アメリカ社会学雑誌に掲載された論文で、初めて'marginal man'（周縁人）という言葉を用いた。この論文で、パークは、「二つの異なる文化世界の限界または周縁に位置するが、どちらの文化世界の構成員でもない人」を意味するものとして、この言葉を用いた。パークが念頭に置いたのは、当時の米国における移民グループであった。

その後、周縁人および周縁性という言葉は、より広い意味で用いられるようになった。社会的周縁性は、社会的周縁化の過程の結果である。その周縁化には、(1)生物学的理由によるもの、(2)文化的理由によるもの、(3)社会的・経済的理由によるもの、(4)歴史的理由によるもの、(5)それらが重なり合ったものなど、各種のものがある、といわれる（＊）。

＊　森下「社会的周縁性と司法」法学セミナー一九七七年七月号を参照。

中南米諸国は、人種のるつぼと呼ばれている。ここでは、社会的周縁性が、犯罪の主要な原因の一つとなっている。カラカス会議では、こうした現実にかんがみ、社会的周縁性を解消する方策、すなわち、非周縁化の方策が、多くの角度から検討された。人種・宗教・文化などに因る差別の廃止、社会福祉や教育の充実、開発計画に非周縁化対策を織り込むことなどが、それである。

3　ポーランドの教授の発言

会議二日目の午前、「犯罪生物学の部門」で、ポーランドのワルシャワ大学のポドゴレッキ（Adam Podgorecki）教授が、閉鎖社会の例として、強制収容所、刑務所などと並んで、日本の「エ

第９回国際社会防衛会議で講演する著者

タ・コミュニティ」（eta community）のことを取り上げた。

実は、私は、日本から長距離の空の旅をして、疲れと時差ボケのせいで、ポ教授のスピーチをぼんやりと聞いていた。というのは、次の事情がある。その年、私は、司法試験の「刑法」の考査委員をしていたのであるが、法務省の担当官から、「外国出張をすると万一の事もあるので、出発前に三千通余の答案全部の採点を完了し、それを法務省側に引き渡していただきたい」旨、強く要請された。この要請に応えるべく、私は、一か月間、毎朝五時に起床、夜一〇時に就寝するまで、採点に集中した。しかも、その間、大学では、昼と夜〈第二部〉の講義をしなければならない。航空機やホテルの予約は、国学院大学の沢登教授にお願いして、やっと東京国際空港に駆けつけた。

そのような訳で、旅の疲れと時差ボケのせいで、ポ教授のスピーチをぼんやりと聞いていたのである。彼のいう「エタ」は、フランス語のエタ（Etat）（国家）のことと早合点し、「エタ・コミュニティ」とは、「国家共同体」とでもいうべき新しい概念と思った。

ところが、ポ教授のスピーチを聞いているうち、愕然とした。彼のいう「エタ」とは、日本ではすでに死語になっている「穢多《えた》」（被差別部落を指す言葉）のことだと、気がついたからである。時差ボケは、ふっ飛んだ。

ポ教授が指摘したのは、米国における黒人差別やインドにおけるカースト（caste）制度の下での不可触賤民（untouchable, the untouchables）に対するのとは異なった原因と形で、日本では、'eta community'（穢多社会、部落民）が一般国民から差別され、軽蔑され、きらわれ、社会の最下層で暮らしていることであった。そのことが、米国と日本の学者らによる共同研究を収録した書物に記述されている、というのである。

その日の午後、私は、「法律部門」のセッション（会議）で、議長に発言の申し出をした。そして、およそ次の趣旨のことを述べた。

――ポ教授が午前中にスピーチしたことは、日本における現下の実情から大いに隔っている。エタ（穢多）といわれる身分制度は、一七世紀後半から一八世紀前半のころ、封建社会（注。徳川幕藩体制）の一環として生まれたものである。その制度は、明治維新（一八六八年）後、廃止された。現在では、「エタ」（穢多）という言葉は、死語になっており、ごくわずかの老人世代の記憶にとどまっているにすぎない。現在、日本で刊行されている国語辞典には、「エタ」（穢多）という言葉は、もはや存在しない。かつて「エタ」として封建制度下で抑圧された人びとは、人種的には、一般の日本民族となんら異なるところはない。一九四六年の新しい日本国憲法の下では、すべての国民は法の下に平等とされ（憲法一四条）、義務教育（九年間）を無償で受けている。公平な試験によってだれでも公務員になれる途が拓かれている、など――。

休暇や懇親会の折にポ教授と語りたいと思って探したが、参加者が余りに多くて、彼を見つけることができなかった。

帰国後、私は、くわしい手紙をワルシャワ大学法学部気付けでポ教授に送った。しばらくして、彼から「よく分かりました」という返事の手紙が届いた。

4　朝日新聞記者の裏切り

カラカス会議については、拙稿「社会的周縁性と司法――第九回国際社会防衛会議に出席して――」法学セミナー三六八号（一九七七年）を読んでいただければ、幸いである。この拙稿を掲載する前、その主要部分を、一九七六年一〇月二〇日の朝日新聞の文化欄に「社会的周縁性と司法」

と題する小論にして載せた。

この記事を文化欄に載せるにあたり、朝日新聞大阪本社のS記者に会った際、私は、ポ教授のスピーチのことを話した。ただし、次の二つの条件を厳守するという条件付きであった。⑴新聞読者の一部には誤解する者がいるかも知れないので、絶対に新聞記事にしないこと、⑵日本の部落問題を扱った学術書が米国で出版されているとのことなので、朝日新聞の在米特派員等のルートを通して早急にその本の編者、書名、出版社、出版年などを私に知らせること。できれば、その本を取り寄せること。

S記者は、「二つの条件を守ることを約束します」と、何度も言った。ところが、彼は、この二つの約束を破った。一九七六年九月二二日の朝日新聞に「部落の実態伝えぬ論文　外国学者が発表」という見出しで、大きく報道した。

S記者を信用した私が、愚かであった。言い訳になるが、私がS記者との約束を信じたのには、理由がある。かつて私が神戸高商三年生であった時、一期先輩で朝日新聞の記者になっている山田英雄氏が、なにかの取材のため、神戸高商に来たことがある。山田氏は、言った。「新聞記者であるから、取材源は、絶対に守る。殺すと言われても、取材源の秘密は守る。そのほか、取材に関して関係者と約束したことは、必ず守る」と。私は、「さすが、朝日新聞の記者は、りっぱだなァ」と思った。そのことが、記憶に鮮明に残っていたので、S記者も、私との約束を守ると信じたのである。私は、人を見る眼をもたなかった。

朝日新聞に前記の記事が載った日の午後、大阪から数十人の部落民が新幹線で上京し、法務省に押しかけて、「そのような本が米国で出版されているのに、なぜ、日本政府は、それを放置したのか。責任を問う」と強硬に抗議したそうである。——推測ではあるが、S記者が九月二二日の新聞にこれこれの記事が載ることを、あらかじめ大阪の部落民に漏していたと思われる。

法務省としては、全く寝耳に水。大いに困惑したそうである。米国で著書・論文は毎年、無数に公刊されているし、それを日本の法務省が知りうるはずもなく、また、検閲に類したことをできるはずもないからである。この朝日新聞記事の件は、後日、衆議院の地方行政委員会で取り上げられ、論議された由である。

S記者は、私との約束を破ってでも、スクープ記事を書いて手柄を立てたかったのであろう。在米特派員等とのルートを通じて、かの書物を早期に私に届けるという約束も反古《ほご》にした。

「隣人に関して偽証してはならない。」これは、天主の十戒（Ten Commandments）のうち、第八戒である。ここで「偽証する」とは、偽証、ざんげん、虚偽（他人をだますこと）、誹謗、秘密漏示などを意味する。第八戒に背いた者は、ダンテの『神曲』地獄篇（Inferno）によれば、地獄に落ちて、永遠の業火《ごうか》に焼かれる。

5 〝眼に見えない日本の人種〟

カラカス会議の後、私は、問題の書物を入手したいと思って、いろいろ手を尽した。編者名、書名、出版社が分からないので、苦労した。数年かかって、やっとその本を入手することができた。それは、カリフォルニア大学出版局刊の、『眼に見えない日本の人種。文化と人間におけるカースト制度』という、左記の学術書である。

George De Vos & Hiroshi Wagatsuma, Japan's Invisible Race: Caste in Culture and Personality. University of California Press, 1st ed., 1966; revised ed., 1972.

この本を読んで、衝撃を受けた。約四〇〇頁に及ぶこの大著は、De Vos 氏（カリフォルニア大学の人類学教授）と我妻洋《ひろし》氏（ハワイ大学の心理学助教授）が共同編集し、両氏のほか、六人の人類学や政治学の教授・助教授（いずれも米国人）と一人の日本人の保護観察官（Yuzuru Sasaki, Probation Officer, Osaka Family Court）が、分担執筆している。

この保護観察官は、大阪家庭裁判所の所属となっているが、疑わしい。彼は、第六章で、「伝統的な都会の（奴隷以下の）賤民社会」（A Traditional Urban Outcaste Community）において、一九六四年当時、京都には一九か所の "Dowa Chiku"（同和地区）があるとして、その分類などにつき記述している。——だが、京都に六年間住んでいた私の知見によれば、「一九」という数字は、明らかに誇張である。

もう一人、Hiroshi Ito（pseudonym）（伊藤ひろし、偽名）が、「米国における日本の賤民」Japan's Outcaste in the United States）という論文を載せている。この偽名者が編者 Hiroshi Wagatsuma 氏であるかどうかは不明であるが、学術書に公然と「偽名」と名乗って論文を載せるとは何事か！批判を恐れて「偽名」にしたのであろう。

第一章は、John Price（カリフォルニア大学人類学助教授）, "A History of the Outcaste: Untouchability in Japan"（「日本における不可触賤民の歴史」）である。ここで "Untouchability" とは、いわゆる不可触賤民（手を触れると腐るので、触れてはならない賤民）というニュアンスの言葉である。米国の学者にとっては、東京オリンピックが開催された当時の日本にそのような不可触賤民がいるということが、興味津々であったのであろう。一体、だれが、そのような情報を提供したのだろうか。

この書では、我妻氏が全一七章のうち、単独で二つの章を書き、共同執筆で五つの章を担当しており、編集と執筆の両面で、大きな役割を果たしている。だが、本書を読むと、我妻氏は果たしてどれだけ客観的かつ誠実に部落問題を研究したのか、という疑念が湧いてくる。

そのほか、神戸新聞社のカメラマン Kazufumi Fukumoto 氏が部落の様子を写した一九枚の大きな写真が、掲載されている。それらは、あたかも南太平洋の島々で台風や津浪に襲われた被災者がバラック小屋に住んでいるかのような、貧しく悲惨な様子を写したものである。だが、いつ、どこの市の部落の様子を写したものか、不明である。神戸の被差別部落を写したものであるとしても、福本カメラマンが本書に載せた写真は、戦後間もなく写したものではなかろうか。

私は、一二歳の時から約一五年間、神戸に住んだ。それゆえ、賀川豊彦（一八八八―一九六〇）が、キリスト教的人道主義にもとづき、神戸の貧民街で伝道と救済の活動をした事を知っている。

敗戦後、旧軍隊から復員して帰って見れば、神戸は、米軍の空襲にやられて、見渡す限りの焼野が原となっていた。空襲の被災者の多くは、バラック小屋で暮らしていた。しかし、本書の初版が米国で出版された一九六六年といえば、その二年前、新幹線が走り、東京オリンピックがあり、日本は、経済成長のまっただ中にあった。

前記の本（改訂版は一九七二年刊行だが、内容的には初版本と変わっていない）は、良心的な学術書といえるか、疑問である。

ミシガン州立大学のJohn Donoghue助教授（人類学）の執筆にかかる第七章「賤民グループの社会的存続」（The Social Persistence of an Outcaste Group）は、東北地方のToyoda city（これは、偽名とのこと。本書には、偽名である旨が明記されている。）の東南の一角にあるShinmachi（新町）（一八戸に三四七人が居住）の実態調査の報告だそうである。だが、いつ、どのようにして調査したか、全く記述されていない。通訳を頼んだとしても、外国人が部落の実態を調査できたであろうか。そもそも、なぜ東北地方を調査対象に選んだのか、疑問。仮に、調査対象を選ぶとすれば、大阪か神戸を候補地とすべきではなかったか。

仙台に居住する大学教授（刑法）から私に寄せられた信書によれば、「東北地方には、（被差別）部落はありません」とのことである。“Toyoda City”とかいう偽名の都市における実態調査だ、ということも疑わしい。

Donoghue論文の一部を紹介しよう。

現在（調査時）でも、トヨダ市の大部分の市民は、部落民と言葉を交わすことを避けている。部落民は、汚たない、野蛮だとして、いやがられ、危害を加えかねないとして、恐れられている。そして、次の物語を聞いた。

——ある若者が、レストランで美しい娘に出会った。二人は、短い交際期間のすえ、若者の両親の反対を押し切って結婚した。しばし、幸福な生活が続いた後、子どもたち（children）が生まれた。その子どもたちは、あばた面《づら》の白痴（idiots with spotted complexions）であった。そのことで、その娘は部落民であることが判明した（p.139）。

この書には、もう一つの物語が載っている。それは、葬儀社の社員が、心を込めて遺体をぬぐい、清めたにもかかわらず、お礼が少ないので立腹し、その挙句、遺体を拭った綿布などを洗った水を遺族に突きつけ、「これを飲め！」と言って、高額の謝礼を要求するというものである。

「おくりびと」の仕事をする人がそのような行為をするとは、私には信じられない。なぜ、編集者である我妻洋氏は、このような論文の収録を認めたのか。

二〇〇九年の秋、東京のある外国図書輸入業者が検索してくれたところによると、前記の本は、日本の八〇を超える大学図書館などで購入され、所蔵されている（その大学の一覧表は、私の手許にある）。この本を購入した大学のセンセイたち（多分、社会学、人類学、比較文化論、部落問題研究者らであろう）は、中味を読まなかったのだろうか。この書を読んだ人が批判的紹介を公表すると共に編著者に抗議しておれば、ポーランドの教授が国際会議で、奇異の人類学的存在だとして"eta community"を取り上げることはなかったであろう。

愚直な老学者である私は、米国で出版された『眼に見えない日本の人種』のことを活字にしたものかどうか、考えあぐねたすえ、良心的な読者の参考に供すべく「判例時報」二〇七七号（二〇一〇・五・二一）にこの小稿を載せた。

第二章　ヨーロッパの拷問部屋

ヨーロッパを旅すると、犯罪と刑罰に関する遺産ともいうべきものに出会うことがある。そのうち、心に残るいくつかを紹介しよう。

1　ローテンブルグ（Rotenburg）

ドイツのロマンティック街道にあるローテンブルグは、「生きている中世都市」と呼ばれている。そこには、今なお見事な城壁が残っている。毎年、多くの観光客が、ここを訪れる。

観光名所の一つである刑事博物館（Kriminalmuseum）には、中世の拷問道具や刑具が、そのまま保存されている。

大きな鉄のカゴは、量目をごまかしたパン屋をその中に入れ、水中にドボンと浸けたり、引き上げたりして、息も絶え絶えになるまで懲《こ》らしめた刑具（次頁の写真）。一面に鉄のトゲが突き出ている恐ろしい椅子（「鉄の乙女」（Eiserne Jungfrau）、「魔女の椅子」と呼ばれる）（＊）は、魔女の疑いをかけられた女性を裸にして坐らせたもの。

（＊）同じものが、明治大学の刑事学博物館にも所蔵されている。

さまざまな奇怪な仮面は、比較的軽い罪を犯した者にかぶらせて、手かせ（手枷）、足かせ（足枷）をはめて、広場でさらし者にするために使ったもの。大きな耳と舌が付いている鉄製の仮面は、好奇心が強くて、おしゃべりが過ぎた女にかぶらせたもの。女性の貞操帯もある。

これらの絵葉書も売られている。この刑事博物館は、犯罪や刑罰に関する歴史を学ぶ者にとっては、興味津々の場所であるが、一般の人は、どのような感想をいだくであろうか。

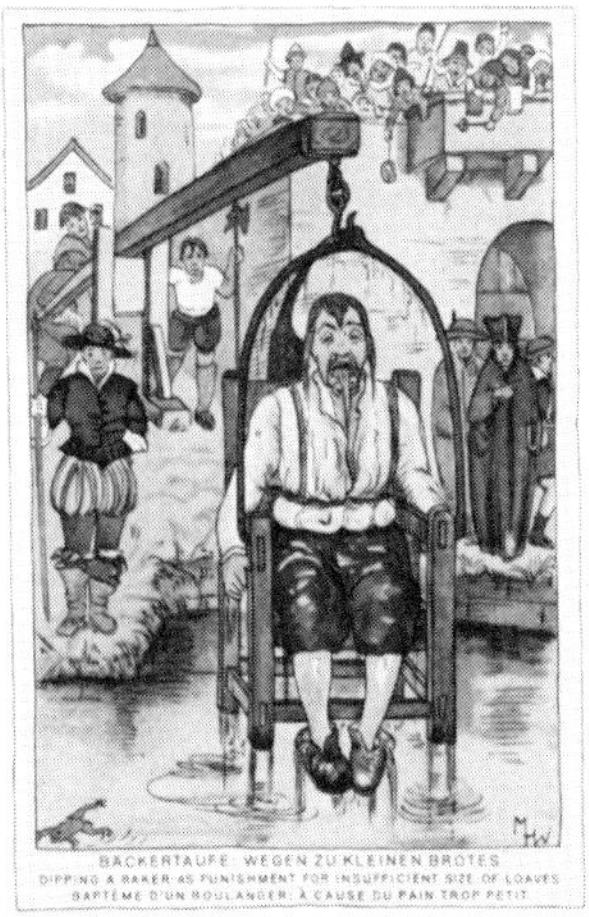

ローテンブルグ刑事博物館（16～18世紀）量目をごまかしたパン屋をこらしめる刑具

2　ニュールンベルク（Nürnberg）

今なお中世の城壁の一部が残るニュールンベルク（バイエルン州の商工業都市）は、一五三二年、かのカロリナ刑事法典（Constitutio Criminalis Carolina＝CCC）が発布された由緒ある都市である。今も残る市庁舎の大広間で、カロリナ法典は発布された。神聖ローマ皇帝カール五世の治下の帝国議会で成立したこの帝国刑事法典（二一九条から成る）は、刑事法の領域における神聖ローマ帝国内の統一的法典として、歴史的な価値をもつ人類のモニュメントである。そのことに想い致すと、この大広間を眺めて感慨深いものがある。

その市庁舎の地下に拷問部屋（Folterkammer）がある。その中で眼を惹くのは、大きな石造りの拷問台だ。拷問台は、上層と下層とに分かれている。下層の石（石のベッドを連想されたい）の上に容疑者を上向きに寝かせ、上層の台を徐々に降ろす仕組みになっている。上の台が降りてくると、容疑者は、圧《お》しつぶされんばかりになり、ついに拷問に堪えかねて、自白する。この拷問台は、主として魔女（Hexe）を拷問にかけるために用いられた。魔女は、普通の人間を超越した魔法を用いる存在であるので、通常の拷問方法ではとうてい自白することはない、と考えられていたからである。魔女であることを自白した者は、火あぶりの刑に処せられる。容疑者は、そのことを知っているので、必死に拷問に堪えようとする。しかし、ついに拷問に堪えかねて、自白する。そのことを思うと、この拷問台をまともに正視することはできない。

カロリナ法典は、拷問を原則として禁止した。しかし、原則には、例外が付きものである。目撃者一人の証言では半分の証拠（半証拠）にしかならないとされていたので、残りの半分を補強するために自白させることが、例外として行われた。例外は、しだいに拡大適用され、弊害を生んだ。その最たるものが、魔女裁判（Hexeprozeβ）であった。

今も記憶に残っているものがある。拷問台の横に立っている十字架である。拷問された者は、自白するか、息絶える。自白した者は、十字架の前で自白を確認させられる（案内人の説明による）。十字架の前で、先ほどした自白を確認させるということは、なんと残酷な仕打ちであろうか。十字架の前で自白を確認したことは、神に誓って自白の真実性を告白したことになるので、もはや「拷問の結果させられた自白は、無効である」とは言えない、としたのである。

3　フランスのギロチン

ギロチン（guillotine）は、高名な医師ギヨタン（Joseph-Ignace Guillotin, 1738–1814）がフランス革命の時、被処刑者の苦しむ時間を少しでも短くし、迅速かつ確実に処刑できるように改造し、それが採用されたものである。

断頭台（その起源は、イタリアにあるといわれる）は、一七世紀以降、フランスで用いられていた。だが、数回やり直して、やっと断首、ということもあった。そこで、医師ギヨタン（当時、五一歳）は、一回で確実に処刑できるようにとの人道的見地から、刃を斜にしたものにする改良型を考案した。国会は、彼の提案を受け容れて、一七九一年六月三日、「死刑は、すべて斬首されるものとする。」と規定する刑法第三条を採択した。革命前は、同じ罪を犯して死刑判決を受けても、身分によって処刑の仕方が違っていた。これは、大革命の精神である「平等」の原則に反するというのが、ギロチン誕生の理由でもあった。こうして、一七九二年四月、新式ギロチンによる最初の処刑が行われた。

以後、ギロチンは、フランス大革命の時代、余りにも多く使用された。医師ギヨタンは、人道的見地から改良した処刑台が自分の名にちなんで「ギロチン」と呼ばれることにつき、生涯、不快感をいだき続けた、と伝えられる。

4　世襲の死刑執行人

ギロチンによる処刑は、フランス各地にいる世襲の死刑執行人一族によって行われた。その一族間のネット・ワークができていた、と伝えられる。結婚は、ほとんどこの一族の間で行われた。死刑執行人一族の首領株ともいうべきものは、ムシュー・ド・パリ（monsieu de Paris）と呼ばれたサンソン一家（Les Sanson）であった。初代は、一六八八年、ムシュー・ド・パリになった。サンソン一家は、初代シャルル・サンソン（1635–1707）から六代目のアンリ＝クレマン・サンソン（Henri-Clément Sanson, 1799–1889）まで続いた。

この一家は、当初は、給料はなかったが、一七二一年以降、国から年俸をもらって、貴族並みの生活レベルにあった。パリ郊外の広い邸宅に住んだ。しかし、世間からは蔑まれ、除け者にされた。死刑執行人は、恥辱でおおわれ、忌み嫌われるのが、この世の習いであった。サンソン一家は、代々、医業を副業にし、金持ちからは高額の報酬を受け取ったが、貧しい人からは、全く報酬をもらわなかった。一家は、家伝の薬品の販売もしていたし、免税特権を与えられていたので、裕福であった。三代目ジャン・バチスト（1719–1778）のころには、助手などの雇い人は、三〇人にもなった。

ルイ十六世の即位（一七七四年）以来、拷問は廃止され、死刑判決は、減少する傾向にあった。しかも、ルイ十四世と十五世による国費濫費のため、国家財政は破綻しかかっていた。そのため、死刑執行人に俸給は支払われなかった。

四代目、シャルル・アンリ・サンソンは、一七八九年四月一九日、ヴェルサイユ宮殿で国王ルイ十六世に謁見し、俸給の支払いを願い出た。国王は、この願い出を聞き容れた。

それから約三か月後の七月一四日、かの大革命が勃発。大革命、それに続く恐怖政治の時代に、ギロチンは多用された。サンソンは、それらの処刑を手ぎわよく実行した。一日に何十人もの人が、断頭台の露と消えた。処刑場のある革命広場（今日では、「コンコルド広場」（**Place de la Concorde**）と改称）は、血の海と化した。

四代目サンソンは、もともと信仰心の篤い人で、国王の敬愛者であったが、一七九三年一月二一日、自らの手で国王を処刑した。彼は、国王を処刑したギロチンの刃を家に持ち帰り、国王の魂の安息のために、刃の前で、毎日祈りをささげた。彼は、「死刑制度は、間違っている。廃止すべきだ」と考えていた。それにもかかわらず、実に二千七百人余りの処刑を行った（＊）。

国民が公開処刑を平気で見物した狂乱の時代が終わると、死刑判決は減少した。サンソン家は、処刑収入が減り、副業の売薬も落ち目になって、苦しい家計に陥った。

六代目のアンリ・クレマンは、教養があり、読書家、文学通であって、死刑執行人が嫌でたまらず、浪費と賭博で財産を使い果たした。ついに、彼は、一八四六年六月、ギロチンを抵当に入れて三千八百フラン（労働者の平均年収の約七倍）を借りた（当時、サンソン家の年俸は、八千フランであった）。

ところが、九か月後、国王暗殺未遂事件の犯人に対する死刑執行命令書が届けられた。アンリ・クレマンは、司法大臣に事情を打ち明けて、三千八百フランを渡してもらい、ギロチンを請け出した。そして、無事に職務を執行した。その後、彼は、死刑執行人を罷免された（＊＊）。彼は、生涯を通じて一一一人を処刑した。

アンリ・クレマンは、先祖たちが遺した記録を整理して『サンソン家回想録』（Mémoires des Sanson）全六巻を刊行した（一八六二–六三年）。これは、八万部、売れた。当時としては、ベスト・セラー並みの売れ行きであった。

＊　安藤正勝・死刑執行人サンソン（二〇〇三年、集英社）二三一頁。

＊＊　安藤正勝・フランス反骨変人伝（二〇〇六年、集英社）二〇二頁以下。

5　グラダーラの城の拷問部屋

一九八三年六月、イタリアのグラダーラ（Gradara）の古城を訪れた。この城は、一二世紀当時のままの姿を今なお残している美しい古城である。ボローニア（Bologna）の東約一三〇キロのところ、アドリア海を眼下に見下ろす丘の上に、長い歴史を秘めて建っている。あたかもおとぎの国の古城さながらに、うすい赤色の石造りの城壁と城塞（rocca）が、紺碧の空に映えて美しい。

城塞の中に入ると、最初に案内されるのが、拷問部屋（camera de tortura）。そこには、さまざまの拷問道具が、昔のままに置かれている。手枷《かせ》と足枷《かせ》のほか、断首用の斧と断首台がある。

拷問部屋の奥に、水槽のようなものが見える。これは、水責めの拷問にも使われたらしいが、処刑された者の死体を処理する場所であった。壁の塗装に用いる薬品（カルキ?）で死体を溶かし、水で流してしまうのだそうだ。

拷問部屋で自白した者は、すぐ隣の法廷（sala di giustizia）に連れて来られて、刑の言渡しを受けた。法廷の左側の一番奥に、小さな扉が見える。処刑宣告された者は、ここから退場させられる。扉を開けて通すと見せて、実は、そこは落とし穴になっている。下には槍や刀が林立していて、落下した者は、ブスブス刺される。非業の死を遂げた犯人の死体は、間道を通って拷問部屋の水槽に運ばれ、そこで処理された。

法廷の隣は、「フランチェスカの部屋」である。一二七五年、ラヴェンナ（Ravenna）の領主の娘フランチェスカ（Francesca da Polenta）は、グラダーラの領主の長男で醜男のジョヴァンニと政略結婚させられた。しかし、フランチェスカは、ジョヴァンニの弟、眉目秀麗のパオロ（Paolo）と恋に落ちた。二人は、密会している現場をジョヴァンニに発見され、殺された。

この悲恋の物語は、詩聖ダンテの『神曲』（La Divina Commedia）の地獄篇第五歌に登場する。恋の焔に焼かれたフランチェスカは、詩聖に語った。

「恋しい人を、ただひたすら恋いずにおれぬ恋のほむらは、その人をいとおしむ烈しい喜びに私をくるみ、その思いは、見らるるように、今も私を離れぬ。

恋のほむらは、われら二人を一つの死に導いた。カイーナ（Caina）（地獄の第九圏第一円を指す）は待つ、われら二人のいのちを消した者を」と。

フランチェスカの悲恋の物語は、その後、永く多数の芸術作品の主題とされた。ダヌンチオ（Gabriere D' Annunzio, 1863-1938）の戯曲「リミニのフランチェスカ」（Francesca da Rimini）は、あまりにも有名である。

6　ローマ刑事学博物館

ローマの Via del Gonfalone, 29に「ローマ刑事学博物館」（Museo Criminologico di Roma）がある。これは、一九三一年に司法省によって創設された貴重な博物館である。

すでに一九世紀前半ごろから、この博物館の建設計画があった。その時の名称は、「刑事博物館」(Museo Criminale)であったのだが、その後、犯罪防止および被収容者の処遇の活動に関するまで資料収集の対象が広げられた。この見地から、この博物館は、中世のころからイタリア全土で用いられた拷問道具や刑具、処刑機具などに至るまでが、体系的に分類されて、三〇室に展示されている。これほど完全に近いまでに各種のものを収集し、要領よく展示した博物館は、ヨーロッパの他国には見られないものである。

この博物館では、実に貴重な、歴史の証人ともいうべき拷問道具や刑具が年代別、分野別に展示されているので、それらの道具や刑具の発展の跡を学ぶ上でも、実に有益である。興味を持たれる方はローマ訪問の機会にここを参観されるよう、お勧めしたい。

展示物の中で、二つのものが印象に残っている。一つは、マンナイア(mannaia)と呼ばれる旧式のギロチン(刃の先端が水平になっている)である。これは、一二六八年にナポリで用いられたのが最初と伝えられている。

もう一つは、餓死刑のつるしかご(籠)(impiccagione in gabbia)である。これは、餓死刑の判決を言い渡された者を入れる鉄製のかごであって、目抜き通りにある公共建物の外壁に吊されたものである。

餓死刑は、公衆への見せしめにするための晒(さらし)(candeggio)の刑である。鉄製のかごに

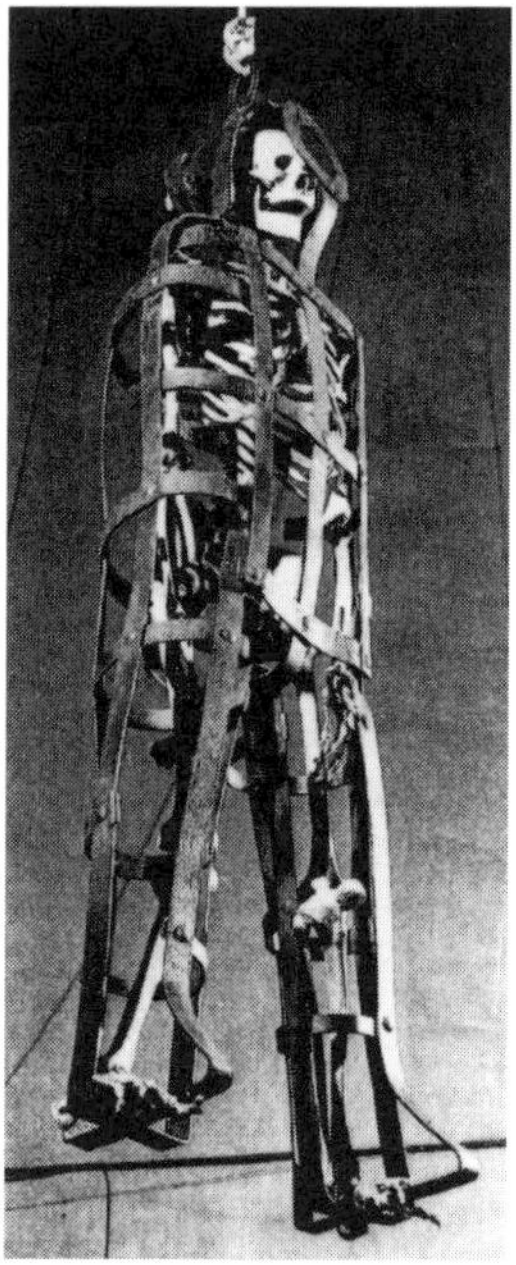

餓死刑のつるしかご
（ローマ刑事学博物館）

入れられた受刑者は、水も食料も与えられないので、餓死する。この刑は、ヨーロッパの各地で、中世から一八世紀の中ごろまで行われた。ローマ刑事学博物館には、本物のつるしかごが、白骨と化した骸骨を中に入れて吊され、展示されている。本物を見ると、心が凍てつく思いがした。

ルネサンス発祥の都市フィレンツェの市庁舎の建物の外壁には、餓死刑の鉄かごを吊すために用いた鉄の支柱が（切断されることなく）今日もなお残されている。それに気づく観光客は、ほとんどいないであろう。

第三章　中南米の旅

1　第一一回国際社会防衛会議

一九八六年一〇月二七日から一一月一日まで、アルゼンチンの首都ブエノス・アイレス（Buenos Aires）（「良い空気」という意味）――「南米のパリ」といわれる情緒豊かな大都市――で、第一一回国際社会防衛会議が開かれた。この会議（以下「BA会議」という。）には、三一か国から約四五〇人が参加した。参加者のうち、約三分の二は、地元アルゼンチンの人たち（女性の多いのが、目立った）であった。

会議の議題は、「犯罪の国際化とそれに対する社会防衛政策」というものであった。ここにいわゆる社会防衛（social defence, défense sociale）は、〝犯罪防止および犯罪者の処遇〟を意味する簡潔な表現である。

「犯罪の国際化」の実情とその対策を主要議題とするので、会議の冒頭に、世界の主要な地域からそれぞれの地域における犯罪の国際化の特殊性につき基調報告をしてもらうことが、必要とされた。その見地から、学会の事務局長から私に「アジア地域における犯罪の国際化とその対策」について基調講演をしてもらいたい、との要請書簡が、会議の一年前、届けられた。私は、旅費の補助金を得る努力をあれこれしたが、無駄であった。そこで、「旅費の都合がつかないから、出席できない」と回答した。これに対し、事務局長から「千ドルほど出すから、なんとかして会議に出席してほしい」との懇篤な手紙が来た。私は、この国際学会の理事をしているので、旅費の自己負担を覚悟して、会議に出席することにした。

さて、会議の開会式は、ブエノス・アイレス大学法学部の大講堂で、アルフォンシン（Raúl Ricard Alfonsín）大統領出席の下に行われた。法学部の建物は、小高い敷地の上にさながらギリシャ神殿を思わせる大建築であった。

大講堂には、諸国の国旗がずらりと並べられている。そこへ、荘重な音楽の吹奏につれて、大統領が入場。熱狂する国民の拍手と喚声が、堂に満ちる。やがて、国歌斉唱。いとも厳粛な開会式であった。大統領は、犯罪の国際化に対する施策がいかに重要であるかを力説した後、正式に会議の開催を宣言した。

アルゼンチンは、南米ではブラジルに次いで二番目に広い領土をもち、国民の八五％は、ヨーロッパ系で、人口は、会議の当時、約三、五〇〇万人（二〇一三年には約四、二〇〇万人）。アルフォンシン大統領（1983〜1989在位）は、前大統領が周辺国（たとえば、チリ）の軍事政権と協調して行った「汚い戦争」（いわゆるコンドル作戦 operación Condor）（＊）などによって混乱と疲弊に陥っていたアルゼンチンが民主化され、新生の道を歩んでいる姿を諸国の有識者に見てもらいたいとて、各種の国際会議の招致に力を入れているのであった。

＊　チリとアルゼンチンの官憲が共同戦線を張って、チリで拉致した被疑者を航空機から海上に投下して殺害した軍事行動をいう。森下・国際刑法の新しい地平（二〇一一年、成文堂）一三三頁。

ＢＡ会議では、犯罪の国際化に係る重要な議題として、⑴テロ対策、⑵麻薬犯罪対策および⑶経済犯罪対策が、三つの主要議題とされた。

開会式に続いて、私は、三番目に基調講演をした。題は、「アジアにおける犯罪の国際化および社会防衛政策」。この講演で、私は、アジア諸国の中には、かつて欧米の植民地であった国が多かったことを反映して、かつての宗主国の法制を承継するものが多く、コモン・ロー、シヴィル・ロー（civil law）またはイスラム法の影響下にある国が多いので、国際刑事司法協力につき幾多の困難があることを述べた。

講演の終りの部で、アジ研（UNAFEI　国連の極東アジア犯罪防止研修所。在東京・府中市）の活動ぶりを紹介し、アジ研発行の雑誌の現物を示しながら、「アジアの刑事司法の動きを知るには、アジ研と交流を図るのが最善の途だ」と述べた。スピーチが終わると、大きな拍手が、しばらく続いた。

スピーチの反響は、大きかった。「スピーチの原稿をください」「アジ研と学術交流をしたい」などと言ってくる者が相次いだ。

2　りっぱな国、ニッポン

BA会議のある日、私は、BA市内に住むカトリックの清水渓子修道女を訪ねた。清水修道女は、アルゼンチン在住の日本人への布教のため、自分から希望して来られた方。その清水修道女が在BAの日本人信徒（二世、三世）に声をかけてくださった。翌日の夜、二〇人あまりの信徒が、「森下先生から日本の最近の様子を聞きたい」との希望もあって、私の歓迎会を開いてくださった。

その歓迎会の席上、「中南米では、『ニッポンは、りっぱ国だ』と言われています」という言葉を聞いた。日本から遠く離れた南米の地で、「日本は、りっぱな国だ」という評判を聞くことは、うれしい。でも、「なぜ、りっぱな国、ニッポン？」という疑問が湧いた。尋ねてみると――

「日本では、一九七六年、かのロッキード事件が発覚したため、時の総理大臣田中角栄が、ロッキード社から同社製造の航空機を日本に売り込むための工作資金五億円の賄賂を受け取ったとして、逮捕・起訴された。中南米では、大統領・総理大臣らが五億円、一〇億くらいの賄賂を受け取るのは、当たり前のことと考えられている。しかるに、日本では、『田中総理は、けしからん』と大騒ぎして、逮捕・起訴した。それゆえ、『ニッポンは、りっぱな国だ』という評判なのです。」

「りっぱな国」というときの「りっぱさ」の程度を計る基準は存在しないと思われる。ただ一つ、参考材料としては、世界各国の汚職実態を監視するNGO（非政府組織）であるTI（Transparency International）が一九九五年以降、毎年公表している透明性認識指数（CPI＝Corruption Perception Index）が挙げられる。CPI（腐敗度認識指数ともいわれる）は、公務員と政治家がどの程度腐敗していると認識されるか、その度合いを国際的にランキング付けしたものである。

このCPIは、一〇の機関が調査した一三種類のアンケート調査の結果を統計処理して作成されたものである。たとえば、二〇一二年、TIが世界一七六の国と地域について発表したものによれば、透明性の程度につき、「完全透明」（all clean）を一〇〇とし、「回答なし」（no information）を「ゼロ」（〇）としたものであって、日本は、指数七四で、一七位である。このCPIを国別に色分けして二〇〇九年に作成された世界地図、いわゆる汚職マップが、拙著『国際汚職の防止』（二〇一二年、成文堂）三四頁の次に、カラー刷りで挿入されている。そこでは、透明度が緑、黄緑、だいだい、薄赤、赤、茶、赤黒などと色分けされている。問題の中南米を見れば、大部分の国が赤または茶色である。ちなみに、アルゼンチンは、赤色（指数は、20～29）である。

BA会議が開催された当時のCPIは、作成されていなかったので知る由もないが、一九八六年当時は、全般的に経済事情が良くなかったので、恐らく二〇〇九年当時のものより、実際には低かったと推測される。それゆえ、BA会議の当時、中南米で「ニッポンは、りっぱな国」という評判があったことは肯ける。

さりとて、首相であれ、汚職の罪を犯した者が刑事責任を問われるのは当然、というのは、文明国の共通認識であろう。それゆえ「りっぱな国、ニッポン」と言われて喜ぶべきではない。ただし、ここで考えるべきは、日本企業が外国との間で商取引、開発事業、インフラ整備、資源購入などに関する契約を結んだり、許認可を得るに当たっては、当該国の法制、司法実務、社会慣行などをよく調査する必要があることである。

この点については、二〇一三年に刊行した拙著『諸外国の汚職防止法制』（成文堂）で、世界の主要一五か国の法制につき叙述した際、強調したところである。

3　ペルー訪問

ブエノス・アイレス（BA）会議の後、帰国の途中、ペルー（現在、人口は約三千万人）に立ち寄った。ペルーでは、加藤神父（Padre Sotelo M. Kato）と一緒に最高裁長官に謁見したりした。実は、ペルー訪問の主たる目的は、首都クスコ（Cuzco, Cusco）（「中心」という意味）と世界の秘境マチュピチュ（Machu Pichu）（インディオ語で「老いた嶺」の意）の観光であった。

インカ帝国の首都であったクスコは、アンデス高原の山々に囲まれた盆地の中にある。海抜は、約三、五〇〇メートル。ここを訪れると、タイム・カプセルに乗って一五世紀、一六世紀のインカ時代に戻った思いがする。しかし、一五三二年、インカ帝国は、スペイン人フランシスコ・ピサロの攻撃を受け、あえなくついえ去ってしまった。征服者たちは、インカ文明の象徴である多数の土器、青銅器、金銀細工品を略奪した。

クスコ市内は、インカ時代の名残りをとどめる石造りの街並みが今なお残っていて、遊子の心をとらえてやまない。一立方メートルくらいの石を整然と積み重ねた通りもある。工作機械など存在しなかった時代に、どのようにして見事にあの石を切ったのだろうかと、畏敬の念さえ湧いてくる。植民地時代に建てられた大聖堂や教会なども、すばらしいモニュメントである。旅の疲れもあってか、高山病にかかってしまった（七割の人が、高山病にかかるとか）。

4　マチュピチュ観光

翌日、クスコから一一二キロの地点にあるマチュピチュを訪れた。クスコから列車が、一日四回出る。マチュピチュ（海抜は、およそ二、五〇〇メートル）に着くと、高山病は、消え失せた。

マチュピチュは、一九一一年七月、米国エール大学のビンガム（Hiram Bingam）助教授によって発見され、続いて一九一二年と一九一五年、大がかりな発掘調査が行われた。この遺跡は、今や世界遺産の中でも人気ナンバー・ワンに数えられ、年間、三〇〇万人を超える観光客が、世界中からやって来る。

要塞として造られたマチュピチュは、三方を断崖に囲まれ、太陽の神殿を中心にして、祭典の広場、水道街、三つの窓のある神殿、日時計、拷問の広場があり、そのほか周囲には、狭い土地を有効に利用して耕作していた段々畑がある。耕作量から推定して、ここには五千人余りが生活していたと考えられている。

案内してくれたガイドは、かつて一九一一年、ビンガム助教授と一緒にここを訪れて、世紀の発見のお手伝いをした、と誇らし気に語った。そして、石造りの遺跡の中で、囲われた部屋を示して、「ここは、罪人を入れる牢獄だった」と言った。理想境を思わせるマチュピチュにも、拷問の広場や牢獄があったのだ。

5　リマの拷問博物館

首都リマ（Lima）の中心部に拷問博物館がある。この博物館の正式名称は、《Museo de Sition del Tribunal del Santo Officio de la Inquisición》であって、「〈異端〉裁判所（跡）博物館」ということになる。異端裁判所は、植民地支配下の被抑圧・隷従民族が自由と独立を求めて展開した熾烈な闘争を反逆の行為として糾問し、断罪する裁判所の役割を果したようである。それゆえ、反逆者に対する拷問は、苛酷を極めた。

この博物館に一歩足をふみ入れるや、思わず、「あッ」と声をあげるところであった。そこには、等身大に作られたろう（蝋）人形で、罪人（容疑者）が拷問道具によって手足を焼かれる状況、天井に吊し上げられ、拷問道具で攻められて地獄の苦しみを受ける有様、役人が罪人を「大」の字に寝かせて手足を拷問具で引き伸ばし、「自白をせよ」と迫る様子などが、再現されている。これほど残虐で、迫真の拷問場面を再現した拷問部屋は、ほかにないであろう。

反逆の罪に問われた者は、裁判所前の広場で公開処刑された。その様子を画いた大きな絵が、博物館を入ったところの壁に掛けられている。

ペルーは、一五三五年からスペインの支配下に置かれ、一八二一年の独立まで植民地として搾取と迫害を受けた。異端審問所は、植民地時代の産物である。この裁判所の地下が、拷問博物館となっているのである。

なぜ、これほどまでに苛酷な異端審問が行われたのだろうか。推察するところ、主たる理由として、次の二つが考えられる。⑴征服者の側には、現地人に対する人種的蔑視の感情があったのではないか。⑵征服者は、現地人から金銀財宝を略奪して母国に持ち帰り、富と名誉を得ることを目的としたのではないか。ペルーの拷問博物館は、二一世紀に生きるわれわれにこのような反省を語りかけてくれる。

第四章　刑具の話、刑場の真実

1　モン・サン・ミッシェル

前稿で紹介したペルーのマチュ・ピチュは、「なぞの空中都市」の呼び名が魅力的なゆえか、わが国で行われた人気投票では、世界遺産の第一位とされている。「空中都市」の呼び名は、この遺跡の発見者（ビンガム助教授）が「空に浮かぶ都市」と形容したことに由来するようである。

ところで、最近では、テレビの「世界遺産紀行」などの番組で、フランスのモン・サン・ミッシェル（Mont Saint-Michel）の人気が高まっている。私の印象では、モン・サン・ミッシェル（「聖ミカエル山」の意）こそ、世界遺産第一位にふさわしい。

モン・サン・ミッシェルは、英仏海峡に浮かぶ神秘的な小島に建てられた、ゴシック様式の修道院である。七〇八年に、カトリックの大司教オーベール（Aubert）が大天使ミカエル（フランス語ではミッシェル）のお告げによって建てた礼拝堂（abbaye）が、その起こり。九六六年に修道院が建てられ、それ以後、造築がくり返されて、今日の姿になった。それは、島の上に築かれた城のような大修道院である。その中央には、高くそびえる鐘楼がある。

モン・サン・ミッシェルは、「西洋の驚嘆」（Merveille d'Occident）と呼ばれている。ここにいう「驚嘆」には、奇蹟的なもの、不思議なものが生む驚嘆という意味がこめられている。

一二世紀と一三世紀は、政治的安定の時期であって、モン・サン・ミッシェルは、「奇跡の地」（lieu de miracle）として、カトリック信徒の巡礼地になった。だが、フランス革命後、政治犯人の牢獄として使われたこともある。

悲劇的な歴史を経て、今や、モン・サン・ミッシェルは、祈りと観光のためも相まって、人気抜群の観光地となっている。年間、三〇〇万人を超える観光客が、ここを訪れる。

2　踏み車

石造りの大修道院は、どのようにして建てられたのだろうか。修道院の内陣に入って眼につくのは、大きな水車にも似た踏み車である。その直径は、一〇メートルもあろうか。ガイドの説明によれば、この踏み車は、五～六人の修道士が踏んで動かし、クレーンのようにして石を上層の階へと運ぶのに用いたようである（テレビの「世界遺産紀行」などでは、この踏み車は、観光スポットでないゆえか、紹介されることはない）。

「踏み車」とは、このことかと、初めて理解することができた。西洋の刑罰史をひもとくと、昔、受刑者を苦しめるために踏み車を踏ませたり、罪石の往復運びをさせた、との記述に出くわす。

モン・サン・ミッシェルでは、大修道院を造築するため、多くの修道士らが、交替で、祈りを唱えながら、巨大な車の踏み板を踏んだことであろう。修道士らが体験した肉体的苦痛は、神にささげる賛美であった。それは、天国に至る道を歩む喜びでもあったであろう。

しかし、受刑者にもっぱら苦役を課すために牢獄で踏み車（直径は、三メートルほどか）が用いられたとすれば、受刑者は、無意味な苦役を強いられて、気が狂うか、絶望の淵に陥ったであろう。

それだからこそ、一五九五年にオランダのアムステルダムに設けられた懲治場が、受刑者に労役を課することによって改善更生を図ることを目的とする近代的自由刑の先駆けとして、歴史に名をとどめることになったのであろう。

3　罪石（ざいせき）

では、罪石とは、なにか。ヨーロッパでそれが実際にどこで用いられたか、現物が保存されているかどうか、明らかでない。

わが国では、その現物は、大阪刑務所（以下「大刑《だいけい》」）の資料館に陳列されている。関心のある人は、大刑（堺市堺区田出井町）を訪れて、歴史の証人を見ていただきたい。

この罪石は、およそ六〇キロの重さ。言い伝えによれば、かつて（年代は不明）、受刑者は、この罪石を背負い、五〇メートルほど歩き、そこから元の場所に戻る。それをくり返すことが強いられたそうである。全く無意味な、苦痛を与えることだけを目的としたのが、この罪石運びの苦役であった。しかし、実際に罪石が用いられたか、記録で確かめることができない。

大刑は、明治元年（一八六八年）に、寄場《よせば》であった高原溜《たまり》を高原徒刑場と改称し、同六年に高原徒役場と改称した。以後、移転と改称を続けて「大阪監獄」となり、大正一一年（一九二二年）、「大阪刑務所」となった。「寄場《よせば》」というのは、寛政二年（一七九〇年）、教化主義にもとづいて設けられた人足《にんそく》寄場のことと推察される。

明治三年に制定された「新律領領」は、笞《ち》、杖《じょう》、徒《ず》、流《る》、死の五種の刑を規定した。しかし、実際には、笞刑、杖刑それぞれ一回の代わりに、罪石の一回運びが行われたとも考えられる。

明治五年には、「懲役法」の制定により、笞刑と杖刑は、日数に換算して懲役をもって代えることとされた。また、流刑は、すでに徒刑をもって代えることとされていた（准流刑）。それゆえ、刑罰は、実質的には懲役と死刑の二種類となった（＊）。

＊　佐々木満著『刑罰史・行刑史雑纂』（一九九九年、矯正協会）、三三二頁。

4　刑場の真実

京都大学（旧制）に在学中、志願囚の体験をし、その体験記を『若き志願囚』という書（矯正協会刊）として一九八〇年、公にした縁で、多くの刑事施設を参観した。その中で、一番心に残るのは、広島拘置所で「刑場」（死刑執行場）を参観したことである（本書一四五頁をみよ）。

絞首台を見る時、思わず合掌した。ここで人の命が断たれるとなれば、心臓が凍る思いがする。処刑にたずさわる刑務官たちの、つらい、苦しい思いが、ひしひしと感じられた。

ところで、一九八八年（昭63）、大塚公子著『死刑執行人の苦悩』という本が出版された（創出《つくる》版）。その六七頁に、次の記述がある。

「ロープ（絞縄のこと）は保安課に保管されている。といっても、保安課の長椅子の下に放り込んであるだけ。執行の朝、持ち出してほこりを払い、使用するというのが、現実。一個の生命をあの世に送る道具のあつかい方にしては、あまりにぞんざいな気がする。

ロープの先端は輪になっている。その部分は黒皮で覆われているのだが、多くの死刑囚の脂汗がしみ込んでぬらぬらとした光りを放っている。」

あきれた。驚いた。そして、「このような大ウソを平気で書く女は、アタマがおかしいのではないか」と思った。しかし、出版社は、これを誇大宣伝している。宣伝につられて本を読んだ者から「余りにひどい」という感想文が寄せられると、出版社は、それをタネにして、またも宣伝する。

私は、このようなデタラメ記述は黙視しがたいとの考えから、一九八九年六月、出版社気付けで著者に次の手紙を出した。

「これ（『死刑執行人の苦悩』六七頁における記述）は、どのような根拠にもとづいて書かれたのでしょうか。あなたは、それを確認されたのでしょうか。

この記述に納得しがたいので、私は、法務省矯正局に問い合わせました。矯正局は、刑場のある全国の刑事施設に照会し、その結果を私に連絡してくれました。それによると、絞縄《こうじょう》（ロープ）は、刑場の中にある保管箱に厳重に保管されている由です（もちろん、施錠されています）。全部の施設で同様な扱いがなされています。私が参観したことのある某拘置所の刑場でも、そうでした。

刑場が設けられてある刑事施設は、いずこも絞縄を最も大切なものとして、特別ていねいに扱っているのです。あなたが言うように、『保安課の長椅子の下に放り込んであるだけ』というような取扱いは、断じて致しません。『ロープの先端は……ぬらぬらとした光を放っている。』という部分も、事実に反する由です。

あなたは、このように重大なことを、一体どのように確認して書かれたのでしょうか。

責任あるお返事をいただきたく存じます。」

これに対して、ほどなく、彼女から返事が届いた。それは、私が尋ねたことには全然答えることなく、私に対し、「いつ、どういう資格で、どの拘置所の刑場を見たか」という詰問をする手紙であった。私は、これに回答しなかった。回答をすればそれをタネにして、因縁をつけてくると思ったからである。

考えて見るがよい。刑事施設の保安課の職員が、〝絞縄を放り込んである長椅子〟に、それと知りながら平素、腰掛けることができるであろうか。およそ人間として、そのようなことができるはずがない。処刑にたずさわる刑務官は、どれほどつらい思いでいることか。彼らは、死刑囚と共に涙を流しながら念仏（または祈り）を唱えていることであろう。そして、処刑後も深い心の痛みを感じていることであろう。

――それは、多くの死刑に立ち会った元大阪拘置所長玉井策郎《たまいさくろう》氏の著書『死と壁』（一九五三年、創元社）を読めば、だれしも理解されるはずである。

一九九二年四月二〇日の朝日新聞「ひと」欄に、「死刑問題を追い続ける大塚公子さん」のプロフィールが、載っている。それによれば、彼女は、満州（現、中国東北部）生まれで、当時五〇歳。東京の某私大を中退。フリーライターとして二〇〇冊を超える本を書いている由。死刑問題については、「重く口を閉ざす刑務官ら約百人から聞き取りを続け」たとのこと。

「刑務官ら約百人から聞き取り」をしたとは、とうてい信じられない。処刑にたずさわる刑務官を探し出して、その中の一人からでも話を聞くことなど、私でもとうていできない事柄である。ましてや、「約百人」というは、デタラメである。

二〇一〇年ころ、千葉景子法務大臣の時、報道関係者に刑場を公開したことがある。国民は、新聞・テレビの報道によって、刑場の真実を知り得たはずである。その「刑場の真実」は、かつて私が広島拘置所で見たそれと同じものであった。

5　死刑執行に立ち会った大学教授

拙著『若き志願囚』（復刻版）が、二〇一一年、酒井書店から刊行された。それを広島大学の金沢文雄名誉教授（現在、郷里の新潟市に居住）に贈ったところ、丁重な礼状が届いた。

その礼状には、拙著の中で、大阪刑務所で服役中の受刑者が、夜、舎房内で、「だいたい、人間が人間の首をしめるほど野蛮なことがあるもんか」と語ったくだり（四七頁）が、金沢名誉教授の胸に響いた、と書かれていた。驚くことに、教授は、一九七一年一一月、広島拘置所で死刑囚の処刑に立ち会った、というのである。

数日後、金沢名誉教授の著書『いのちの輝き　法と道徳』（二〇一一年、考古堂書店）が届けられた。それを読んで、私は、その書を深い感動とともに読んだ。熱心なカトリック信者である金沢教授は、強盗殺人を犯したY死刑囚が、広島拘置所の教誨師ラサール神父（Hugo Lassalle S. J. 帰化して、日本名は愛宮真備《えのみやまきび》）の教誨を受けて入信し、一九六二年二月、広島拘置所で洗礼を受けるに際し、Yの代父（信仰上の親代り）になった。それ以前から愛宮《えのみや》神父の拘置所訪問に同行していた縁で、Y死刑囚の洗礼にあたり代父の役を引き受けたのであった。

Yは、一九五七年に広島県下で起きた強盗殺人事件に関し、主犯から誘われて出かけた共犯者であって、時に二四歳。前科なしの左官職人であった。Yは、広島地裁で、死刑判決を受け、自暴自棄になり、控訴をしないまま、死刑が確定した。主犯の男は、勾留中に病死してしまった。もし、Yが生存しており、かつ、控訴審において主犯の男が「自分がYを誘った。Yは、断わり切れなくて、自分について来た」と証言したとすれば、Yは無期懲役になる可能性があったようである。

Yは、独身で、親類縁者もほとんどいないようで、代父である金沢教授を唯一の、精神的な頼りにしていた。

一九七一年一一月初め、拘置所長から金沢教授に、「五日午前九時半に死刑を執行するので、前日の午前中から面会に来ていただきたい」、との電話があった。教授は、四日の午前に本人と面会。昼には、所長と数人の職員が、他の死刑確定者をも招いて送別会をしてくれた。午後、金沢教授は、夕方までYと面会した。と言っても、向かい会って、ただ坐っているだけで、二人ともほとんど話をしなかった。向かい合ってただ坐っているだけというのは、金沢教授にとっては、実につらいことであったであろうが、Yにとっては、金沢教授がそこにいてくれるだけで、心の大きな慰めになったであろう。

当日の朝は、忘れがたいほど美しい青空であった。Yは、所長はじめ職員に「お世話になりました」と礼を述べ、そばに立っていた金沢教授にあいさつし、従容として死に就いた。罪を痛悔して、老神父から罪の赦しを受けて、つぐのいとして刑の執行を受け容れた彼は、やがて天国に行けると信じていたのであろう。老神父と金沢教授は、Yの処刑が行われる間、Yの耳に最後まで届くようにと、処刑台に立つYから三メートルほどの距離の所から、別れの聖歌「主よ　みともに近づかん」を涙ながら歌った。所長はじめ、立会いの刑務官のうち、それを止める者は、だれもいなかった。罪のつぐのいを完全に果たしたYは、天国において神から永遠の幸福と安らぎを与えられるであろう。

このことが、金沢名誉教授の著書『いのちの輝き　法と道徳』に綴られている。

金沢教授は、私と同じ大学で、同じ刑法の教授をし、しかも同じ信仰をもつ間柄であるのに、Yの死刑執行に立ち会ったことを、一言も語ったことがなかった。敬虔なカトリック信者である金沢教授には、自分が代父をつとめたYの死刑執行に立ち会ったことが、いつまでも心の奥深く、つらい思い出として残っていたのであろう。

（あとがき）　金沢名誉教授は、論文「人間の尊厳と死刑制度」水波朗ほか編『自然法と文化』（二〇〇四年、創文社）で、死刑廃止論を明確に主張している。

第五章　北朝鮮による拉致事件

1　北朝鮮は、拉致を認めた

胸がつぶれるほど悲しく、痛ましい事件が発覚した。

二〇〇二年九月一七日、小泉純一郎首相と北朝鮮の金正日総書記が平壌《ピョンヤン》市内で会談した。その会談に先立ち、北朝鮮側は、北朝鮮によって拉致されたと見られていた八件一一人を含む計一四人の日本人の消息を明らかにした。

それは、「八人死亡、五人生存、該当なし一人」という、信じがたい事実であった。八人の死亡者は、一九七七年一一月以降、一九八三年までの間に、新潟市、鹿児島県、宮崎県などで拉致された後、一年一か月ないし約一六年の間に、うつ病により自殺、交通事故、肝硬変、心臓病またはガス中毒により、いずれも死亡したというのである。被害者の大半は、二〇歳代ないし三〇歳の若い人たちであった。これらの死亡原因は、被害者の家族にとってはもちろんのこと、日本国民全体にとっても不合理で、矛盾が多く、信じがたいものである。

会談の席上、小泉首相が「強く抗議する」と述べたのに対し、金総書記は、拉致の事実を認めた上で、「特殊機関の一部が妄動主義、英雄主義に走って、こういうことを行った。遺憾なことだった。率直におわびしたい」と謝罪した。そして、拉致にかかわった特殊機関の責任者をすでに処罰した、と言った。

その後、北朝鮮側は、拉致事件への関与者の責任問題につき、責任者のチャン・ポンリムとキム・ソンチョルの二人が職権濫用など六件の容疑で裁判にかけられ、チャンは死刑、キムは一五年の拘禁刑に処せられた、と説明した。しかし、責任者二人の処罰については、多大の疑問がある。あれは、ペーパー判決、ペーパー処刑の可能性が大である。ここで、「ペーパー」というのは、「名目だけの」「仮空の」という意味である。

北朝鮮は、「判決も処刑も真実である」と主張するのであれば、判決文と証拠全部を開示して、被告人らがだれの指示により、いつ、どのようにして、だれを拉致したか、また、工作船の建造、工作員の養成、拉致の実行に要する莫大な資金をどのようにして確保したかを、納得の行くように説明すべきである。さらに、犯人に対する刑を、いつ、どの刑事施設で執行したかを確実な証拠に基づいて説明すべきである。

新聞報道によれば、工作船を担当していたのは、北朝鮮労働党中央委員会の中の「対日リスク連絡所」と呼ばれた部門であって、約一、五〇〇人が、その部門に従事していた（02・10・04　朝日新聞)。そして、一九九三年に韓国に亡命した北朝鮮の元工作員、安明進(アン・ミョンジン)氏(三四歳)は、「日本人拉致は、金正日総書記の指示によるものだ」などと強調している由であるし(02・10・03　日経新聞)。さらに、前韓国大統領金泳三(キム・ヨンサム)氏は、「すべて金正日総書記の指示だ」と言った(02・10・29　朝日新聞)。

2　拉致の法的意義と形態

わが現行刑法には、「拉致罪」なるものは規定されていない。刑法典では、営利目的等略取及び誘拐の罪(二二五条)と国外移送目的略取等の罪(二二六条)が、今回の北朝鮮による拉致事件について適用されるであろう。しかし、工作員が拉致した日本人になり代わる「背乗《はいの》り」(※)目的が「営利の目的」に含まれるかは、疑問である。

(＊)　被害者の名義を冒用して旅券を入手し、密出入国するなどの行為。

今回の拉致事件をその犯行形態を刑法適用法の諸原則に当てはめれば、次のようになる。

①　国内での拉致　　　　　　属地主義(刑法一条)
②　国内から国外への拉致　　属地主義(刑法一条)
③　国外から他の外国への日本国民の拉致　　受動的属人主義(刑法三条の二)

このうち、第三の類型に該当するのは、一九八〇年代前半にヨーロッパに留学中または旅行中であった三人の事件である。刑法三条の二の規定は、この事件を契機として、昭和一五年（二〇〇三年）法律一二二号により追加されたものである。

この追加規定に関して、刑法の時間的適用の見地から問題となるのは、およそ二〇年も前に遡って北朝鮮の工作員による拉致事件につき日本刑法の適用があるか、言いかえると、日本に裁判権があるか、である。これついては、後述するように、略取・誘拐罪は継続犯であるので、略取・誘拐の構成要件的行為が本規定の施行以前に行われたとしても、施行時に当該犯罪は存続するとみなされる（本書二〇九頁以下をみよ）。それゆえ、刑罰法規の遡及禁止の原則には違反しない。

また、犯人が国外にいる場合は、その国外にいる期間、時効は、その進行を停止する（刑訴法二五五条）。

3　犯罪人引渡しの障害

北朝鮮が拉致の事実を認めた後、各種の新聞社から、私に「日本で犯人の裁判を行うことができるか」という問合せが相次いだ。

私は、「非常に難しい」旨、答えた。その主たる理由は、次の二つ。⑴犯人の特定が困難であること。工作員らは、多くの場合、目撃者のいない時間帯および場所で、巧妙かつ迅速に拉致行為をしたと考えられるので、証拠の点で、犯人の特定が困難であると考えられる。⑵犯人は、北朝鮮に所在すると考えられるので、日本で裁判を行うためには、犯罪人引渡しによって当該犯人の身柄を確保する必要がある。しかし、日本と北朝鮮との間には犯罪人引渡条約が締結されていない上、北朝鮮側は、自国民不引渡しの原則を盾にして引渡しを拒むであろう、と推測される。

では、拉致行為の実行犯でなくても、拉致を命令・指示した者については、どうか。これについては、北朝鮮が捜査に積極的に協力しない限り、前記二つの主たる障害が当てはまる。

4　国際刑事裁判所による裁判

わが国の報道関係者は、「では、金正日総書記および拉致を企画・命令・指示した責任者らを、国際刑事裁判所（ＩＣＣ）で処罰することはできないか」という問いをして、私に回答を求めた。マスコミとしては、この点、最も関心があり、かつ報道価値がある、と考えたようである。

前記の問いは、⑴理論的に国際刑事裁判所に管轄権（jurisdiction）があるか、⑵実際に、犯人らを国際刑事裁判所に訴追することが可能か、という見地から考える必要がある。

ＩＣＣ規程（通称　ローマ規程 Rome Statute）七条は、「人道に対する罪」として、九番目に長期拉致罪（enforced disappearance of persons）（「強制失踪」とも訳されている）を規定している。この規定は、北朝鮮による拉致事件について、まさにピタリと適合する。この拉致事件は、金正日総書記および幹部の許可（authorization）、支援（support）または黙認（acquiescence）にもとづくと考えられる。これらの形態による犯罪に関与した者は、刑事責任を問われる（規程二五条）。

ところで、ローマ規程は、罪刑法定主義を堅持する立場から、次の規定を設けている。

第一一条第一項　本裁判所は、本規程の発効後に行われた犯罪についてのみ管轄権を有する。

第二二条第一項　何人も、当該行為が、その実行の時に本裁判所の管轄に属する犯罪を構成しない場合には、刑事責任を問われない。

新聞を見ると、東京の有名私学の国際法教授が、前記の規定を根拠としてＩＣＣには管轄権がない、との見解を表明している。

果たして、それでよいのか。拉致被害者の家族は、二〇数年の長きにわたり、胸を引き裂かれる思いに堪えてきたのだ。刑法学の角度から、ＩＣＣの管轄権を肯定する理論構成をする途はないものか。

私は、このような思いをいだいて、数日間、外国の刑法文献やローマ規程に関する文献調べに没頭した。ちょうど折悪しく弁護士の仕事に追われていたので、外国文献の渉猟に連日連夜、没頭することは、大きな肉体的負担であった。

ついに、Otto Triffterer 教授編の千三百頁に及ぶ『ＩＣＣ規程注釈書』（Commentary of the Rome Statute, 1999, Nomos）で、その解答を見つけることができた。それによれば、規程二二条一項中の

「その実行の時に」(at the time it takes place) の文言に係る注釈において、「継続犯の場合には、禁止が事実上適用される時間中、全構成要件が充足されていることを条件として、その禁止が最初からその行為に適用されることを要しない。」(四五五頁以下) との、説明がなされている。

これを読んで、私は、飛び上がらんばかりに喜んだ。この問題は、これまで日本の刑法学では、明確な問題意識をもって考究されて来なかったからである。

私は、毎日新聞記者の問いに明確に「イエス」、すなわち、ローマ規程を適用して犯人の刑事責任を問うことができると答えた。私の見解は、二〇〇二年九月二五日の毎日新聞と一〇月一五日の読売新聞において、次の文脈で公表されている。「継続犯である拉致罪については、(ローマ規程の)発効日（二〇〇二年七月一日）以前に実行行為がなされた場合でも、発効日以降も被害者が生存しているか、生死不明であるときは、犯人を裁くことができます。」

ところで、その後、私は、過労がたたって入院した。ひどい頭痛と耳の痛みのため、大学病院に夜間急患で診察を受けたところ、医師から「ヘルペス帯状疱疹です。すぐ入院しなさい」と言われて、入院。点滴などを受けて、二週間後、退院。三日後に、裁判所で行われる破産事件の免責審尋に出席し、事務所に戻ったところ、ひどい目まいに襲われた。救急車で、再び大学病院へ。幸い、大事には至らなかったが、無理な勉強の後遺症状に悩まされた。

5　拉致問題の解決に向けて

わが国は、二〇〇七年七月、ローマ規程の加入書を国連事務総長に寄託し、同年一〇月、第一〇五番目の締約国となった。そこで、わが国は、将来、ローマ規程において基本原則とされている補完性の原則（principle of complementarity）にもとづいてＩＣＣの管轄犯罪を裁くことがありうる。

ところで、北朝鮮は、ローマ規程の締約国とはなっていないので、恐らく拉致事件についてわが国またはＩＣＣが管轄権を行使するにつき、非協力の方針を堅持するであろうことが予想される。犯人の特定、証拠の収集につき北朝鮮が協力しないとすれば、現実にＩＣＣの管轄権行使（わが国による裁判権の行使）は、行きづまるであろう。

この困難を突破する手がかりとしては、国連安全保障理事会および国連人権理事会が拉致事件に取り組んで、国際世論の盛り上がりを背景にして各種の措置（＊）を積極的にとることが、ぜひ必要である。

国連人権理事会（UNHRC）（47の理事国で構成）は、二〇一三年三月二一日、拉致事件を含む北朝鮮の組織的な人権侵害を調査する委員会を設置するとの決議案を全会一致で採択した。同理事会は、北朝鮮による拉致が「人道に対する罪」に当たるかを調査することになるであろう。これを肯定する結論が出た場合、生存被害者の早期帰国、生死不明者の行方の確認等が、国際世論を受けて実現する方向に進むであろう、と期待される。

（＊）ＩＣＣが北朝鮮に対して管轄受諾の要請をすること、北朝鮮にいる被疑者の逮捕および引渡しを要請することなど。これにつき、森下・国際刑事裁判所の研究（二〇〇九年、成文堂）四二頁以下、二五七頁以下をみよ。

第六章　矯正処遇の前進のために

1　矯正保護審議会

一九七七年（昭52）四月から一九八七年（昭62）一一月まで、法務省の矯正保護審議会の委員に任ぜられた。

この審議会は、二一世紀における矯正運営および更生保護の在り方について、また、矯正および更生保護行政上の指針に盛り込むべき各種施策等について検討作業をすることなどのために、広く各界の有識者をもって構成されている。高名な精神医学者や女流作家も委員の中におられた。私は、矯正保護の法制と実務にくわしい刑法学者として選任されたようである。事実、諸外国の矯正施設を参観すると、わが国にも参考になると思われることが少なからず存在する。私は、それらについての所見を審議会の席で述べたことがある。

ところで、一〇年余りこの審議会の委員になっている間に私が関与した、思い出に残る二つの事柄を書いておきたい。

2 「産休要員」費目の確得

一九八四年（昭59）一〇月、福岡刑務所の景山隆吉所長のお招きで、妻と共に九州北部の矯正施設の参観に出かけた。妻を同伴したのは、施設参観の後、長崎と五島列島を訪ねるためであった。

一〇月初旬、佐賀県鳥栖市にある麓《ふもと》（女子）刑務所を参観した。

麓刑務所は、女子受刑者の増加に対応すべく、一九七五年（昭50）に竣工され、業務開始した施設であって、美しい山波を仰ぐ山麓丘陵地帯にあった。定員は、当時、二〇〇名。麓刑務所では、施設の開放的構造にふさわしく、かつ、新しい矯正理念に即応して、受刑者の社会復帰後の生活に役立てることを目的とした処遇が行われていた。

ところで、当時の収容率（定員に対する収容人員の割合）は、なんと一三〇％とのこと。このような過剰拘禁となると、処遇上、幾多の困難が生じる。恐らく、雑居房（共同室）は、定員の二倍近い収容ということになるであろう（独居房の比率が高いので）。

私は、所長に尋ねた。「職員の産前産後の休暇は、キッチリ実施されていますか」

所長は、答えた。「産休要員の予算が少ないので、残念ながら、産前産後の休暇は、ほとんど取れていません。立番の勤務が多い上に、夜勤もあるので、産前産後の職員には、負担が大きくて、気の毒です。でも、産前産後の休暇を取ると、他の職員がその穴埋めをしなければならず、交替要員にその分のしわ寄せが行って、気の毒なぐらいです。そこで、出産の直前まで勤務して退職する職員が少なくありません。退職すれば、すぐ新しい職員が発令されるからです」

森下「では、産休要員の予算があれば、産前産後の期間、非常勤職員を確保することは、可能ですか」

所長「可能です。実は、当所の職員であって、出産を機に退職した者が、この近辺に何人もいます。それらの人たちは、子どもが小学生になっているとか、義母（子どもの祖母）が家事や子どもの世話をしてくれるとかで、産休要員になることの要請があれば、喜んで非常勤職員となってくれるのです」

それから、約一か月後に開かれた矯正保護審議会の席上、麓刑務所で聞いたこの事情を披露し、「法務省は産休要員の予算確保のため全力を尽くしていただきたい」旨、発言した。

その年度の終りごろ、当時の矯正局長、石山陽氏が、次のように言って私にお礼を述べた。

「先般の矯正保護審議会における森下委員の発言をまとめた議事録を持って、大蔵省（現、財務省）当局と予算折衝をしました。その結果、〝産休要員〟の費目《ひもく》・「産休代替職員雇上」が作られました。矯正行政は陽《ひ》の当たらぬ領域なので、これまで法務省が大蔵省当局に女子刑務所の窮状を訴えても、産休要員の予算の増額は認められませんでした。ところが、矯正保護審議会での森下先生の発言が強力な側面援護となって、来年度から新しく〝産休要員〟の費目《ひもく》が認められました。いったん作られた費目は、（特別の事情のない限り）抹消されることはありません。また、実施状態によって増額される可能性があります。この成果は、森下先生の側面援護のおかけです」

二〇一二年の春、全国矯正展が、東京丸の内の科学技術館で開かれた。それに出席した私は、麓刑務所から来ている職員に「産前産後の休暇は、確実に取れていますか」と尋ねた。これに対して、その職員は、「産前産後のみならず、育児休暇も完全に取れています。全く問題ありません」と、明快に答えた。私はいささかでもお役に立てたことが、うれしかった。

3　五大行刑施設の改築

もう一つ、忘れがたい思い出がある。五大行刑施設、すなわち、府中、横浜、京都、大阪および神戸の各刑務所は、その建物が老朽化してきているので、全面改築の必要に迫られていた。法務省としては、特別予算を確得するため大蔵当局と根気よく折衝を続けてきていた。

ところで、大蔵省との折衝に成功するためには、矯正保護審議会の委員が現地を視察して、現実にどこがどのように腐食・老朽化しているかを（写真等を添付して）報告書にまとめて、提出する必要があるとて、そのお役が私に回ってきた。矯正部会長が、多忙のため五大施設の現地視察に行くことができない、というのである。

私は、この依頼を喜んで引き受けた。上記の五大施設は、いずれもすでに何回も参観したことがある。ただし、これまでは、主として「どのような受刑者につき、どのような処遇が行われているか」という見地から参観したものであった。しかるに、今回は、視察の着眼点が異なっていた。たとえば、雨漏りがするのは、どの建物の、どの箇所か。その程度はどれくらいか。このまま放置すると、どういう事態の起こる可能性があるか、というものであった。本来なら、建築工学の専門家と一緒に視察するのが望ましいものであった。

五大施設とも、これまで必要な各所修繕をほどこしてきてはいたが、治安の最後の任務を負う施設として、今後、少なくとも一世紀の間、震災にも堪えられるものにする必要がある。私は、最新鋭の、電子自動化を織り込んだフランスの新しい刑務所のほか、マフィア受刑者の収容を確実に遂行するためにイタリアで採用されている特別措置などを念頭に置きながら、五大施設を一つずつ丹念に視察した。

その中で、一番、思い出多く、しかも懐しい親しみを感じたのは、大阪刑務所である。大刑には、かつて志願囚として入って（一九四九年）以降、何度も訪れた思い出がある。

一九八五年（昭60）八月、大刑視察の前日、私は、大阪府高石市にある元大刑所長　楠本順作氏のお墓参りをした。美智子夫人も同行してくださり、墓前に花をたむけ、香をたいて、故人のご冥福を祈った。そして、墓前でしばし美智子夫人と故人の思い出をした。眼をつぶると、豪放磊落《らいらく》で、しかも洒脱《しゃだつ》な人柄が、ほうふつとしてきた。敗戦後の食料難の時期に定員二倍の被収容者を擁する大刑の所長となった楠木順作氏は、各地の農家や生産者を訪れて、「大刑の受刑者のために食糧を売ってください」と巡歴された。「所長としてのわしの一番大切な仕事は、食糧を確保することだった」と、私に語ったことがある（戦時中、大刑では、八〇〇名を超える受刑者が、栄養失調などに因り死亡した）。考えてみれば、刑務所がヤミ相場で食糧を買うことはできなかったであろうし、予算もなかったのであろう。苦労の多い仕事をやりとげられたおかげで、大刑では暴動が起こらなかった。――このような思い出を、墓前で美智子夫人と語り合った。夫人は、かつての志願囚が、その縁で墓参に来てくれたことを、心から喜んでくださった。そして、次のように言われた。「森下さん、あなたは、良くもまア、志願囚になられましたねぇ」

その翌日、大刑の視察に訪れた。一九四九年に志願囚として入って以降、何度か訪れた大刑ではあるが、今回は、施設の老朽化の実況見分が目的である。志願囚で入ったころには気づかなかった箇所が、「管理上・保安上、危険である」と思われた。たとえば、鉄筋の舎房に取り付けられている鉄格子の中には、風雨にさらされてさび付き、劣化しているものもあった。

これらの視察結果を、私は報告書にまとめて、矯正保護審議会に提出した。審議会の承認を経て、この報告書は、法務省が大蔵省との間で特別予算の確得折衝をするに際して用いられたそうである。その結果、特別予算は、政府の予算案に計上され、国会で可決された。

五大行刑施設の改築は、一九八六年（昭61）ごろから約一〇年間にわたって計画的に施工された。その結果、世界に誇る堂々たる一流の新施設が、相次いで完成した。まさに、見違えるばかりである。これに少しでもお役に立つことができたとすれば、私は、うれしい。何よりもうれしかったのは、各施設とも、『若き志願囚』の森下先生が来られた、と言って、私を心から歓迎してくださったことである。

4 矯正協会創立一〇〇周年記念式典

一九八八年三月七日、東京の竹橋会館において（財）矯正協会の創立一〇〇周年記念式典が開催された。この式典で印象に残ることがある。この一〇〇年間に殉職した矯正職員の慰霊式が行われたこと、そして一〇〇年間に親↓子↓孫へと三代にわたって合計一〇〇年の勤務年数に達した職員の表彰式が行われたことである。矯正協会長　中尾文策氏から伺ったところによれば、一家三代にわたってその合計の勤務年数が一一四年に達する職員が現在いる、ということであった。まさに「矯正一家」として、子は、親の苦労多い職業を自らも受け継いできたのである。

式典に続いて、私は、「日本矯正の回顧と展望」と題する講演を行った。（＊）式場には、中尾矯正会長のほか、永年勤続の被表彰者、各施設の代表者らが堂にあふれんばかりであった。

＊　この講演は、「刑政」99巻7号（一九八八年・昭63）に収録されている。

（その要約を、次に掲げる。）

――一〇〇年前の一八八八年、「大日本監獄協会」が創立され、それに伴って「大日本監獄協会雑誌」が創刊されました。以来、大日本監獄協会は、一九二二年（大11）に「(財）刑務協会」と改称され、ついで一九五七年（昭32）「(公財）矯正協会」と改称されて今日に至っています。

ところで、「大日本監獄協会」は、一八七七年に創立された「フランス刑務協会」（Société Générale des Prisons）の設立に鼓舞されたものであって、当時、フランスで台頭した行刑学派（Ecole pénitentiaire）の影響を強く受けたものでありました。

皆さんは、フランスの偉大な作家ヴィクトル・ユゴー（Victor Hugo, 1802–1885）の名作『レ・ミゼラブル』（Les Misérables）（日本語訳は、『ああ、無情』）を、ご存じでしょう。ユゴーは、国会議員となって多くの行刑施設を視察し、受刑者が悲惨な取扱いを受けていること、釈放されても、出所者は、至る所で野良犬のごとく追い払われていることを知り、あの不朽の名作『レ・ミゼラブル』を書いたのです。「レ・ミゼラブル」は、直訳すれば、「貧しい人びと」、「惨めな人びと」という意味ですが、ユゴーが書こうとしたのは、〝貧しい人びと〟こそ、心の清い人びとである。彼らは、神を見るであろう（マテオ福音書五章八節）、ということでした。

『レ・ミゼラブル』は、文豪ユゴーの卓絶した文学作品でありまして、、当時のフランス社会に大きな衝撃と感動を与えました。受刑者らを人間として扱うべきだ、そして、出所者を社会全体が温かく迎えるべきだ、という運動が、政治家、文化人、一般社会人の間で高まりました。その根底には、「自由、平等、博愛」をかかげるフランス革命の精神がありました。こうして国中に盛り上がった行刑改革運動を反映して、「行刑学派」と呼ばれる新しい学派が誕生し、それに合わせて、フランスの行刑雑誌が刊行されるに至りました。実に、わが国の「大日本監獄協会雑誌」は、こうしたフランスにおける新しい動向に鼓舞されて刊行されるに至ったのです。

あれ以来、日本の矯正は、幾多の苦難に遭遇しながらも、人間愛に満ちた歩みを続けてきました。その伝統は、矯正職員の先輩らとあなた方によって受け継がれてきました。この世で大切なことは、「何をもらったか（どんな勲章をもらったか）」ということではなく、「人のために何をしてあげたか」ということです。ローソクの火のように、自分の身に愛の火を点《とも》して周囲を照らした矯正職員は、あの世で最も祝福される人たちです。皆さんが生き甲斐のある人生を歩まれることを、心から祈ります。——

講演が終わって休憩の時間に、一人の女子職員が私のもとに来て、「先生、感銘深いお話を、ありがとうございました」と言った。

第三部　学究の道

1　古稀祝賀論文集を贈られる

一九九四年（平6）の元日、戸籍上の古稀を迎えた。古稀は、杜甫の詩の「人生七十年、古来稀なり」にちなんだ表現であるが、団藤重光先生（当時、最高裁判所判事）の新解釈によれば、「古（いにしえ）は稀であった」と読む。

この新解釈は、一九八〇年、矯正協会会長である中尾文策先生の喜寿を祝賀して刊行された『日本の矯正と保護』全三巻（有斐閣）の刊行祝賀会が東京で開催された折、団藤先生が祝辞の中で述べられた言葉である。

この見地から、わが国では、七十歳は「今は多し」という意味で「今多」（こんた）というべきだ、という説が広くなりつつある。

わが友、陳舜臣君によれば、かぞえ年の七十を古稀という（『麒麟の志』朝日新聞社、一九八頁）。お正月が来れば一つ年をとるとすれば、私は、一年早く古稀を迎えたことになる。それはそれとして、陳君は、「古稀有感」と題する詩において次のように詠んでいる。

　　人生七十近来多　　（人生七十　近来多し）

これによれば、人生七十は、「近来多し」、すなわち、近多（きんた）となる。

「今多」（こんた）にせよ、「近多」（きんた）にせよ、この表現は、高齢化社会に生きる者に喜びと励ましを与えてくれる。古稀は、一つの節目《ふしめ》である。

古稀祝賀論文集刊行祝賀会（1995年8月）　妻とともに出席

私の古稀を祝って、学界や実務界の知人や友人が、「森下忠先生古稀祝賀論文集」である『変動期の刑事法学』および『変動期の刑事政策』（ともに一九九五年、成文堂）を贈ってくれた。そして、一九九五年八月、東京で、盛大な古稀祝賀論文集刊行祝賀会を開いてくださった。これは、学究の道を歩む者として、大きな喜びであった。

2　三つの開拓分野

「開拓分野」というのは、いささか面映ゆいが、これまで他の学者が本格的な取組みをして来なかった領域に開拓の斧を入れた学問分野、というような意味である。

私については、次の三つを挙げることができる。⑴刑法における緊急避難、⑵刑罰論および刑事政策、⑶国際刑法が、それである。これら三つの学問分野について気持ちの赴くまま、自分なりの流儀で（つまり、指導教授や先輩から指導を受けることなく）研究を進めた。その歩みは、同時並行ではなくて、興味の重点を前記⑴から⑵へ、そして⑵から⑶の分野へと移して行った。

これら三つの分野については、考察の姿勢として「国際的な視野」が——程度の差こそあれ——、根底にあったような気がする。別の見方をすれば、他人が手がけない学問分野につき自分なりに独自性（オリジナリティ）のある仕事をしてみたい、という気持ちが根底にあった。

研究に取り組む際の姿勢としては、ラテン語の **'festina lente'**（ゆっくり急げ）を心の拠り所とした。この諺である **'festina lente'** の語源は、ギリシャ語にあるようであるが、この言葉は、私にはなんとなくしっくりするものがあった。「ゆっくり急げ」は、ドイツ語で **'Eile mit Weile'**（休息しながら急げ）と表現され、わが国では、「急がば廻れ」と訳されている。しかし、「ゆっくり急げ」と「急がば廻れ」との間には、若干、意味の違いがあるように思われる。「ゆっくり」と「急げ」とは、対立する言葉であるが、それを結び付けたところに、深い意味がある。私は、——自分流ではあるが——この言葉を「着実に歩め」と訳している。

'Festina lente!' は、日本における西洋古典学の開拓者である田中秀央《ひでなか》先生（一八八六年―一九七四年）（京大名誉教授）編『羅和辞典』（一九五二年、研究社）のとびらに出てくる言葉である。この辞典の「まえがき」によれば、田中先生は、「四十三年前に恩師 **Raphael von Keber** より給はった

Festina lente の金言を体しつつ」一五年の歳月をかけて、この辞典を完成されたとのことである。実は、私は、京大大学院（旧制）の研究生であったころ、京都日仏会館で、田中先生のラテン語講義を拝聴した。そして、田中先生の深い知識と謙虚な学究的態度に尊敬の念をいだいた。あれ以来、'Festina lente!' は、牛歩千里（＊）の道を歩む私にとって導きの灯となった。

＊「牛歩千里」は、軍隊時代の戦友である谷口弘君（熊本県の中学校長となった）から私に贈られた言葉である。

3　緊急避難の研究

大学院に進んで、私は、「刑法のミクロコスモス（Mikrokosmos）（小宇宙）」と呼ばれる「緊急避難」を研究テーマに選んだ。指導教授の滝川幸辰先生にこのことを申し上げると、先生は、「そーか」とだけ言われた。指導らしい指導は、何一つ受けなかった。

以来、一〇年間、緊急避難の研究に牛歩のごとき取組みを始めた。岡山大学の教官になったものの、新設大学なので、外国文献は一冊もない。そこで、京都まで足を運んで、京大の図書（ほとんどドイツ語の文献）を借用して、それを筆写したり、訳出したりして、研究ノートを作った。

岡山大学の研究室は、旧軍隊の木造兵舎を改造したものであった（教室も同様）。独身時代は、その研究室で夜中まで勉強した。夜の一二時か午前一時ごろ、用務員が夜廻りにやってきて、研究室の扉をコツコツと叩いて、「先生、まだお勉強ですか」と声をかけてくれた。当時、私の月給は、手取りが一万八千円。街に出て飲み食いする余裕なぞなかったので、このような生活を続けた。

緊急避難の研究は、興味深いものであるが、苦労多きものであった。

「緊急避難は、地球と共に古い」といわれるとおり、人類が共同生活を始めたころから、さまざまな危難、緊急状態に遭遇した者がその危難を避けるため第三者の法益をぎせいにする行動は、至るところで生起したはずである。この問題が文献に登場するのは、はるか後の時代のことであるが、一八世紀ごろまでは、ラテン語が西欧における共通の学術用語であった。ラテン語の壁にぶつかって、私は、カトリック岡山教会の神父ら（ベルギー人、オランダ人）からお知恵を拝借した。

苦労の多い、地味な研究を続け、それを論稿にして研究雑誌に載せていたところ、日本刑法学会で「日本刑法学会選書」を刊行する企てが発足した。それは、学会の理事三人からの推薦にもとづき、新進学者の業績を公刊するものであった。ある年の、日本刑法学会理事会で、私の緊急避難の研究が学会選書の一つとして刊行されることが決まった。この書は、一九六〇年（昭35）、『緊急避難の研究』として有斐閣から刊行された。私は、この書を亡き母つねに捧げた。母が生きていてくれたら、一番喜んでくれたであろうに、との万感の思いをこめて。

『緊急避難の研究』により、一九六二年（昭37）、京都大学から（旧大学令による）法学博士の学位が授与された。学位記には、法第七二号という番号が付けられていた。一八九九年（明32）に京都帝大法科大学が創設されて以来、法学博士の学位を授与された者は、私が七二番目ということのようであった。この「法第七二号」という番号は、「法とは、何か」を深く考える契機となるものであった。

後日、漏れ聞くところによると、刑法学会の理事会で私の業績を日本刑法学会選書に加えるよう強く推薦されたのは、東北大学の木村亀二教授であったとのことである。これは、私にとって驚きであった。というのは、遠く離れた仙台におられる木村先生とは、平素ほとんど拝眉の機会もなかったし、その上、私は、木村先生の主観主義刑法理論や緊急避難の法的本質についての学説を批判していたからである。

木村先生は、学問研究の取組み方についてはきびしい方であった。学会でお眼にかかった際、先生は、開口一番、「森下君、シュタムラーの本を読んだか」と言われた。私が、「ハイ、京都大学の図書館から借りて読みました」と答えると、「そうですか」と肯かれた。

シュタムラーの本は、一八七八年刊行の『緊急避難の刑法的意義の叙述』(Stammler, Darstellung der strafrechtlichen Bedeutung des Notstandes, 1878) であって、法制史的・比較法的見地から緊急避難規定の発展の過程を考察したすぐれた書物である。私は、この本から、多くのことを学んだ。ラテン語がしばしば出てくるので、その解読に苦労した思い出がある。法哲学者でもある木村亀二先生は、シュタムラーの法哲学に関する著述を読んでおられたのであろう。

木村先生は、私に言われた。「実は、わたしは緊急避難の研究をしようと思っていたのだ。」そのような事情もあってか、私が緊急避難について発表する論文に関心を寄せておられたのである。木村先生が刑法学会の理事会において、緊急避難に関する私の業績を日本刑法学会選書に加えるようにと強く推薦してくださったのは、このような理由によるのであった。学問にきびしい木村亀二先生は、フランス語にも堪能であって、フランスの古典的小説を原書で読まれるという、深い学識と、広い視野をもたれる方であった。

4 緊急避難の比較法的考察

緊急避難は、もともと人間相剋のぎりぎりの事態を取り扱うものである。二〇世紀に人類が二度にわたって体験した悲惨な大戦は、戦敗国においてはもちろん、戦勝国においてさえ、数多くの緊急状態（state of necessity, état de necessité, Notstand）を現出した。そこに見られる緊急避難行為の種々相は、国際刑法における緊急避難という新しい課題に関するものであり、それ以前の緊急避難論が題材としてきたものの範囲をはるかに越えるものをもっている。

各国における緊急避難の研究は、これを契機として判例と学説の領域において大きな進歩をとげた。これに着眼して、私は、一九六二年（昭37）、『緊急避難の比較法的考察』という書を刊行した（有信堂）。

この書には、フランス、ベルギー、スイス、イタリア、スペインおよび英米の、それぞれの国の緊急避難論が収録されている。そこでは、ドイツ刑法とは異なる角度から、異なる法理論が展開されている。上記の国以外についても研究を進めるつもりであったが、文部省から一九六一年度の学術図書刊行補助金の交付を受けたので、上記の書を刊行することにした。

この書で扱われた有名な事件を、三つ紹介しよう。

(1)　メナール事件

フランスのシャトー・ティエリ（Château-Thierry）軽罪裁判所は、一八九八年三月四日、メナール事件（L'affaire Ménard）と呼ばれる寡婦の窃盗事件につき無罪判決を下した。メナール夫人は、母親と三歳の子ども一人をかかえて貧窮の生活をしていた。職はなく、援助も受けられず、三六時間もの間、家族はなにも食べていなかった。彼女は餓死を免れるため、パン屋でパンを盗んだのであった。

無罪判決は、社会的大センセーションを巻き起こした。賛否の両論が闘わされた。

いわゆる緊急窃盗（vol nécessaire）の不可罰性は、すべての時代のすべての刑法学者によって認められてきた。問題は、いかなる理論によってその不可罰性を根拠づけるか、である。

ここで想い出されるのは、文豪ヴィクトル・ユゴーの名作、『レ・ミゼラブル』（Les Misérables）（わが国では『あゝ、無情』と訳されている）（一八六二年）の主人公ジャン・ヴァルジャン（Jean

Valjean）である。彼は、姉とその七人の子どもが飢えに泣いているを見るにしのびず、パン屋の店先からパンを盗ろうとして捕えられ、五年の懲役に処せられた（密猟者であったことが、大きな理由とされた）。

ユゴーは、この小説を通して、当時、数知れぬほど多くいるレ・ミゼラブル（悲惨な人びと）の窮状と清い心とを社会に訴えようとしたのである。

小説『レ・ミゼラブル』とメナール事件判決を契機として、フランスでは、緊急避難に関する立法と学説の進展があったほか、社会改良および行刑改革をめざす世論が高まり、行政学派（Ecole pénitentiaire）と呼ばれる新しい学派が生まれた。

(2)　メドゥーズ号事件

一八一六年七月二日、西アフリカの一六〇キロ沖で、フランスの軍艦メドゥーズ号（Méduse）が座礁して沈没した。海に投げ出された一四九人のうち一部の者が、軍艦の廃材でいかだを組んで漂流した。いかだに乗った者たちは、一二日後に通りかかった船によって発見されて救助された。しかし、生きて救助されたのは、わずか一五人であった。

では、救助されなかった者は、どうなったか。いかだに辿りつこうとした多く者は、いかだに乗っている者によって海に投げ出された。

ルーヴル美術館に「メドゥーズ号のいかだ」（Radeau de la Méduse）と呼ばれる、画家ジェリコー

ジェリコー描く、メドゥーズ号のいかだ（ルーヴル美術館）

(Théodore Géricault, 1791–1824) の大作が、大展示室に掲げられ、人眼を惹いている。ジェリコーは、この絵を画くため、実物大のいかだを作って荒海に浮かべて、浪がいかだに当たってくだける様子などを観察し、それを画帳に描いた、と伝えられる。ジェリコーのこの大作には、いかだに乗った人たちが通りかかった船に手を振って救助を求める姿や、海中に投げ出された者が必死にいかだにつかまろうとする様子が、まさに真に迫るがごとく描かれている。

ジェリコーは、この大作を描くために全力を注いだ。大作が完成するや、全精力を使い果たしたジェリコーは、三二歳の若さで天国へと召されて行った。

私は、ルーヴル美術館を訪れるたび、この「メドゥーズ号のいかだ」の前で、しばし足をとめて、若い芸術家が命をかけて描き上げた不朽の名作に見入るのであった。ルーヴル美術館では、ミレーの「晩鐘」（アンゼラス）とともに、ジェリコーの「メドゥーズ号のいかだ」が、私の心を打つのである。

ところで、メドゥーズ号の生き残り一五人は、遭難してから一二日間、どのようにして生きのびたのか。伝えられるところによれば、いかだの上では、元気な者が身体の弱った者を殺してその肉を食べて飢えをしのいだとのことである。恐らく、生存者は、救助された後、罪の赦しを乞いながら殺害を告白したのであろう。

メドゥーズ号事件の生残りに対する訴追は、行われなかったようである。社会的大センセーションを巻き起こした事件であるのに起訴されなかったのは、恐らく、何人もこうした悲劇的な事態にあっては、人喰い行為を非難できなかったからであろう。

(3)　ミニョネット号事件

ミニョネット（Mignonnette）号事件は、世界的に知られている人喰い事件である。

一八八四年五月一九日、英国のサザンプトンから、四人乗りの「ミニョネット」号という名の小さなヨットが、オーストラリアのシドニーに向けて出発した。七月五日、喜望峰から約一、六〇〇海里離れたところで、はげしい暴風雨が彼らを襲い、ヨットは沈没した。四人の乗組員は、やっと小さなボートに乗り移った。船長が、離船の際、わずかの食糧を持ってきた。が、一八日目、乗組員の飢餓は、堪えがたいものとなった。

船長は、ボートの底に半死半生の状態で倒れている少年のボーイを殺した。船長と他の二人は、ボーイの血を飲み、肉を食べて四日間、生命をつなぎ、四日後にドイツの船に救助され、イギリスに帰った。

イギリスでは、船長と舵手（殺害に賛成した）とが起訴された。裁判は、一一月六日、巡回裁判所で開始され、一二月、謀殺罪により有罪とする最高法院の最終判決で、絞首刑が言い渡された。が、女王の恩赦により、彼らは、六か月の禁固刑に減刑された。

ミニョネット号事件は、イギリスの刑事裁判史上、重要な意義をもつものであった。ミニョネット号事件を契機として英国で展開された学説、世論、その後の立法動向については、上記の拙著にくわしく叙述されている。

以上で紹介した事件以外にも、外国の文献には多くの緊急避難の事例が載っている。「そのような緊急状態に陥ったとしたら、私は、どのように行動したであろうか」――そう思いながら、私は、明確な答えを出せないまま、思い悩むのであった。

5　刑罰論

私が取り組んだ第二の開拓分野は、刑罰論および刑事政策であった。この両者は、不可分の関係で結びついている。

刑罰論といえば、刑罰の本質はなにかという理論的問題が思い出されるが、角度を変えて見れば、「刑罰は、いかにあるべきか」という「在り方」論こそ、重要な意味をもつ。典型的な問題としては、「死刑は憲法違反か」、「死刑は、（合憲であるとしても）廃止すべきか」が挙げられる。従来、刑罰の中核をなすのは、自由刑（自由剥奪を内容とする刑）であった。その自由刑についても、「無期刑を廃止すべきか」、「無期刑を廃止する場合、有期刑は、いかにあるべきか」、「自由刑は、単一化すべきではないか」、「自由刑の代替処分を考えるべきでないか」など、多くの重要問題が検討課題となる。

このほか、執行猶予や仮釈放の要件は、どのように規定すべきか、累犯をどのように扱うか、罰金（日数罰金を含む）の在り方いかん、新しい種類の刑罰（たとえば、権利制限刑、法人に対する刑罰）を導入すべきではないかなど、多くの重要な課題が登場している。

一つ例を挙げる。一九〇七年（明40）制定の日本刑法は、累犯者に対する必要的加重（再犯加重）を規定している（五七条）。これは、当時もてはやされた主観主義刑法の理念を実現した目玉規定の一つである。

これにつき、主観主義刑法学の旗手であった牧野英一博士（東大名誉教授）が、次のように論じた。「累犯者であれば、古靴一足盗っても、（再犯加重されて）二〇年以下の懲役で処断される。これは、新刑法（現行の刑法）の理念の発現である。」

しかし、学生時代に志願囚となった私は、この所説について大きな疑問を感じた。古靴一足を盗んでも、カネになる訳はないし、それを食べることもできない。そもそも、累犯者であって古靴一足を盗る者は（よほど特別な場合を除いて）いないであろう。司法実務では、窃盗の累犯者につき、再犯加重をして懲役二〇年以下の処断刑の範囲内で、懲役一年とか二年を言い渡している事例がある。同情すべき場合には、累犯者についても執行猶予が言い渡されることもある。主観主義刑法は、犯罪原因の分析を怠ったブルジョア刑法ではなかろうか。

牧野先生には、何度かお眼にかかったことがある。ある時、先生は、「森下君には、プリンシプルがない」と言われた。私は、一言も反論しなかった。駆け出し学者の私は、雲の上の大先生（文化勲章受賞者）に批判めいたことを言えなかったのである。

上記のことは、刑法における刑罰論規定といわれる領域の事柄であって、第二次大戦後、世界の先進国が犯罪防止、法秩序の維持を図る見地から立法と研究の両面から重視している論点であった。しかるに、わが国では、比較刑法的観点からの研究が立ち遅れていた。

一九六四年（昭39）、私は、『刑法改正と刑事政策』（一粒社）を刊行した。そこでは、短期自由刑の在り方をめぐって、半自由（外部通勤・通学）、週末拘禁、日数罰金制に関する論文のほか、刑法改正準備草案における執行猶予と仮釈放などを扱った論文が収められている。

実は、私は、この書のゲラ刷の校正を済ませて、フランス留学に旅立ったのであって、後日、好意的な新刊紹介がなされていることを妻からの便りで知った。パリ留学中、ヨーロッパ諸国では、――ヨーロッパ統合の機運が高まるにつれて――刑罰制度の改革と並んで国際刑事司法協力の新しい制度が進められていることを学んだ。眼からウロコが落ちるとは、このようなことを言うのであろうか。

日本にいる時、「森下は、アタマが良くないから（犯罪論ではなくて）刑罰論の研究をしている」と、滝川教授およびそのエピゴーネン（亜流）から評された。だが、ヨーロッパに来て、国際的な新しい息吹きに触れて、私は、刑罰論、比較刑法および国際刑法の研究の重要性を実感した。

6　刑事政策

犯罪防止、犯罪者の処遇、そしてそれと並んで被害者の保護と救済は、実に興味深く、また重要な課題である。

明治初年、日本政府の使節団は、ベルギーおよびオランダの刑事政策から多くのことを学んだ。

ベルギーは、一九世紀以降、「刑事政策のパイオニア（先駆者）」と呼ばれた。私は、ベルギーとオランダの矯正施設（刑事施設、少年院、保安処分施設）を数多く参観した。

もう一つ、特別の関心を寄せたのは、イタリアのマフィア対策である。特に、「赤い旅団」（BR＝Brigate Rosse）と呼ばれる過激派テロ集団およびマフィア（mafia）に関する捜査、刑事訴訟および刑罰執行の法制と実務の調査研究は、興味深いものであった。

今でも、イタリアについて印象深く記憶していることが、二つある。

その一。　ＢＲ（赤い旅団）の刑事裁判の傍聴

北イタリアのジェノヴァ（Genova）の裁判所では、ＢＲ（赤い旅団）の被告人が巨大な鉄製の檻《おり》の中に入れられていた。かつて武装したＢＲ集団が法廷に乱入して被告人を奪取した事件があったので、以後、被告人は、動物園の猛獣並みに檻の中に入れられているのであった。裁判所の外は、武装した憲兵が警護しており、関係者以外の者の立入りを禁止していた。私は、弁護人のグラマティカ（Giovanni B. Grammatica）氏の同伴者として、入廷が許された。

裁判傍聴を終えて法廷を出ると、新聞記者が「ＢＲ裁判を傍聴した感想は、いかがですか」と取材に来た。翌日の朝刊に「日本の刑法教授が傍聴」という見出しで、私のことが掲載されていた。

その二。　マフィア受刑者を収容する重警備の刑務所の参観

特別の許可（＊）を得て二つの刑務所を参観した。驚いたことが二つある。

(1)　外堀の高さが、なんと一四メートル

所長のいわくでは、外堀の高さが七米では、マフィアの連中が梯子を使って乗り越えて来るおそれがあるので、一四米の高さにした由（日本の刑務の外堀は、四米ないし四・五米の高さが、普通）。それでも、武装憲兵が二四時間、警備している。

(2)　舎房は、いわゆる「刑務所の中の刑務所」と呼ばれる構造（この構造は、フランスでは、人権侵害が甚だしいとして、採用されていない）。片側舎房なので、建築費が高くつく。

＊　マフィアを収容する刑務所の参観は、司法省に信頼されている大学教授、弁護士、司法官などの紹介がなければ、許可を得ることは困難である。

私は、刑事政策に関していくつもの書物を出版した（巻末の業績目録を参照）。その中で、最も評判が高かったのは、『刑事政策大綱』（一九八五年、新版は一九九三年）である。この書は、司法試験受験生から「基本書」と呼ばれた。このほか、『刑事政策の論点』Ⅰ、Ⅱ、Ⅲ（一九九二―九七年）は、刑事政策の新しい論点を扱ったものとして、注目された。矯正保護の実務にたずさわる人びとからは、「森下先生の本は、実務をよく知った上で書かれた学術書であって、実務家にとっても学ぶべき点が多い」と評価された。

6　比較刑法

比較刑法（正確に言えば、「比較刑事法」）は、国際刑法（正確に言えば、「国際刑事法」）と密接に結びついている学問分野である。問題となる代表的な場合を挙げる。

1　犯罪地国と裁判国とが異なる場合

例えば、フランスで単純窃盗（仏刑三一一条の三）を犯した日本国民を日本で裁判するとき（刑三条）、軽い法（*lex mitior*）の原則にもとづき、処断刑は、三年以下の懲役となる。

2　逃亡犯罪人の引渡しの場合

犯人の現在する国の刑法と裁判国（引渡しの請求国）の刑法との間に双方可罰性（double criminality）が認められなければ、犯罪人引渡しは行われない。

3　国際司法共助により外国で証拠が収集される場合

外国における証拠収集（たとえば、嘱託証人尋問）が違法な手続によって行われたとき、裁判国（共助の請求国）では、証拠能力が認められない。

こうした場面は、犯罪の国際化が進んでいる現今、東洋の島国日本にとってもしばしば直面するところである。

さて、私は、これまで多くの国、特にラテン系諸国の刑事法の紹介に努めてきた。パナマ、キューバ、メキシコ、ペルー、ボリヴィア、ブラジル、チリ、アルゼンチンなどの各国刑法、中南米モデル刑法典の紹介（いずれも、判例時報の「海外刑法だより」に掲載）が、それである。ベネズエラとアルゼンチンで開かれた国際会議の際に購入した図書を読んで、紹介したのである。かつて私が一五歳のころ神戸の第一神港商業で学んだスペイン語が、役に立ったのである。

ブラジルの国語は、ポルトガル語である。ポルトガル語は、スペイン語の姉妹語であるので、七〇歳になったころ、独学で勉強した。ブラジル刑法典は、日系二世の石川エツオ弁護士がブラジルに行かれた折に購入し、帰国後、それを贈呈してくださった。ご好意に感謝。

そのほか、何度も国際会議に出席したお蔭で、多くの国の学者や実務家と交流することができた。ギリシャ、ポーランド、スロヴェニア、ポルトガル、ハンガリー、北欧諸国、イスラエル、トルコ、スペインなどについても、判例時報誌の「海外刑法だより」で紹介した。その種本は、フランス語、スペイン語、ポルトガル語のいずれかで書かれたものであるが、やはり国際語であるフランス語のものが、主要文献である。

比較刑法の分野における仕事としては、『イタリア刑法研究序説』広島大学法学叢書（一九八五年、法律文化社）が、思い出に残る。この書には、イタリア新憲法と刑事法、イタリア憲法裁判所の刑法関係違憲判決をはじめとして、一九四九年の刑法草案、一九六〇年刑法草案、イタリアにおける一連のテロ対策立法および保安処分の法制と実情などに関する一二篇の論文が収められている。「刑法の祖国」といわれるイタリアにおける第二次大戦後の新しい動向と実情について、私は、格別の興味をもって研究したのであった。

後日、在日イタリア大使館から、本書の刊行について日伊文化交流に大きな貢献をするものとして感謝状が届けられた。

一つ付記しておきたい。現今の世界で最も重要な役割を果たしている法系は、コモン・ロー（common law　英米法）とシヴィル・ロー（civil law　ヨーロッパ大陸法）であるが、罪刑法定主義の建前から英米法系の国にあっても、成文法化が進んでいることである。

手続法の領域にあっては、common lawとcivil law とのハイブリッド化（hybridization　異種混成）が進められており、hybrid law（ハイブリッド法）という新しい法分野が誕生している。これについては、拙著『国際刑事裁判所の研究』国際刑法研究第一一巻（二〇〇九年、成文堂）において詳述した（一〇五頁以下）。

7　国際刑法

国際刑法に寄せる私の関心は、少年時代を過ごした神戸での生活が育《はぐく》んでくれたように思われる。

京大を卒業して学究の道を歩むこととなり、緊急避難の研究に取りかかったのであるが、アザン（Edoward Tawfik Hazan）の『国家間刑法及び国際刑法における緊急避難』（一九四九年、パリ）を読むに及んで、これまで世界では、国家による侵略戦争または他国への侵入行動が、「緊急避難」を口実にしてしばしば正当化されていることを知って愕然とした。この書の紹介は、岡山大学法学会雑誌一三号（一九五三年）に掲載した。

アザン学説の結論は、次のとおりである。人道に対する罪は、いかなる場合にも緊急避難によって正当化されることはない。これに対し、戦争犯罪については、個人的・偶然的行為が問題になる場合には、緊急避難として正当化されることがありうる。それは、いくつかの国際条約で認められているところである。たとえば、急迫な軍事上の緊急という例外的場合における敵国財産の破壊・奪取とか、通信網の破壊など、比較的に軽度な侵害行為などである。

ただし、ここでは、正当化される（se justifier）という文言の意義をドイツ刑法学にいわゆる違法性阻却と同様に解してよいかは、問題である。フランス法学や英米法学では、違法性阻却と責任阻却とは必ずしも厳格に区別されていないからである。

その後も、この問題は、国際紛争、侵略戦争の場合について激しい論争の的とされている。その一つとして、ベルギーのグラーゼル（Stéfan Glaser）教授の論文「国際法における緊急避難についての若干の考察」（R. D. P. C., 1952）を挙げることができる。そこでは、日本軍による満州および北支への侵略も正当化されないとして、緊急避難の援用がきびしく批判されている。

戦後、各地で開廷された国際刑事法廷では、上官の違法拘束命令に従った部下の犯罪行為が免責されるかが、しばしば争われた。わが国の刑法学界では、部下の行為は期待可能性を欠くとの理由で責任を阻却されるとの見解が支配的であった。しかし、国際法廷ではそのような理論は通用しない。わが国の学界は、国際的視野において欠けるところがあった。

8　国際刑法研究シリーズの刊行

さて、私は、一九七九年（昭54）、『国際刑法の新動向』国際刑法研究第一巻（成文堂）を出版した。この時は、未知の大海に船出する心境であった。この書では、「刑罰権は国家に帰属する」という伝統的立場が大きく修正されて行くことを欧州評議会（Council of Europe, Conseil de l'Europe）の諸条約とベネルックス条約を題材にして詳細に論述した。

ところで、一九七六年二月、米国上院外交委員会で発覚したロッキード事件は、日本から米国に対してロッキード社関係者の嘱託尋問の請求がなされ、その後、米国の裁判官は、尋問調書を日本側に伝達するに当たり、証言および派生的証拠の使用制限（use and derivative use immunity）という条件を付した。

ここにいうイムュニティー（immunity）には、異なる三種類の意味がある（＊）。しかし、ロッキード事件が発覚した当時、わが国の学者も実務家も、そのことを知らなかった。

＊　森下・国際刑事司法共助の理論（一九八三年、成文堂）一九七頁以下。

わが国では、ここにいう'immunity'を「刑事免責」と解したため、大きな誤解と混乱が生じた。この事件は、田中角栄総理大臣が逮捕・起訴されるに及んで、国中に大きな衝撃を与えた。

当時、わが国には国際刑事司法共助に関する研究はほとんど存在せず、そのため司法当局は、嘱託尋問調書の証拠能力をどう考えるかにつき、苦慮を続けた。

私は、ロッキード事件を契機として国際刑事司法共助の研究に取り組んだ。そして、米国の裁判官が付した条件をどのように理解すべきかについて、国際的権威者であるスイスのシュルツ（Hans Schultz）教授とドイツのイシェック（Hans-Heinrich Jescheck）教授に問い合わせた。両教授から懇切な回答が届いた。それによれば、「それは、共助によって得られた証拠の使用につき条件を付したものであって、国際司法共助における特定主義（principe de la spécialité）の適用である。嘱託国は、証拠の使用について付せられた条件を遵守すべき義務を負う」という点で一致する内容のものであった。

私は、研究の成果を『国際刑事司法共助の研究』国際刑法研究第二巻（一九八一年）および『国際刑事司法共助の理論』国際刑法研究第三巻（一九八三年）として、成文堂から出版した。この二書を書き上げるについて、私は、全力を傾注した。

以来、国際刑法研究シリーズとして、二〇一三年までに合計一四巻を刊行した。それについては、巻末の「主要著書」を見ていただきたい。それらの本には、それぞれ思い出と出来事が秘められている。その一端を書いておきたい。

『犯罪人引渡法の理論』（一九九三年）と『犯罪人引渡法の研究』（二〇〇四年）は、長い歴史をもつ犯罪人引渡しにつき、一九世紀以降、国際的に確立された諸原則とそれに関する諸問題につき、国際刑法学の立場から論及したものであった。

ある年、東京高裁裁判所の刑事特別部で、米国からいわゆる産業スパイ事件の容疑者として日本国民に対する引渡請求があった事件につき、「法的に許容されない」との理由で、請求を拒む決定がなされた。各新聞は、これを大きく報道した。

後日、その刑事特別部の須田裁判長にお眼にかかる機会があった。須田氏は、こう言われた。「森下先生の著書を丹念に読んだ上、十分な自信をもって、『証拠不十分により引渡しは許容されない』旨の決定をしました。この決定につき、その後、米国からはなんの抗議も異論もありませんでした」と。私は、地道な研究がお役に立てたことを喜んだ。

『刑法適用法の理論』国際刑法研究第九巻（二〇〇五年）は、妻　郷美《さとみ》に贈った。妻は、長年にわたり、良き伴侶として家庭を守りつつ、折りふれては、「独創的な仕事を世に遺してください」と言って、私を励ましてくれた。私は、深い感謝の念をこめてこの書を妻に贈る旨を「はしがき」に書いた。

ちなみに、「刑法適用法」とは、内国の刑事裁判権が国外にまで及ぶ要件を定める法規定であっ

ハワイ大学で講演するため
妻と共にハワイへ（1987 年）

て、それを扱う諸原則は、国際刑法の基本をなすものである。

『国際刑法学の課題』国際刑法研究第一〇巻（二〇〇七年）では、国際刑法学における基本的で困難な諸問題が論述されている。私は、この書を恩師　中壷《なかつぼ》勇先生にささげた。

中壷先生は、神戸市立湊山《みなとやま》小学校の六年生の時、担任の先生であった。中壷先生のことは、すでに書いた（本書一五頁以下）。中壷先生の温かいお導きがなければ、今日の私はありえなかった。私は、終生、中壷先生のご恩を忘れることはない。この書の「はしがき」にこのことを綴ったところ、実に多くの方々から「心を打たれた」という言葉が寄せられた。

なお、団藤重光先生から、国際刑法研究シ

リーズが第一〇巻にまで達したことを祝うとともに、「この分野における世界に誇るべき偉業として畏敬申し上げます」と書かれたお手紙を頂戴した。国際的に広い活躍をしておられる団藤先生から過分の言葉をいただいて、私は、未知の大海に船出をする思いをしたころから四半世紀にわたる国際刑法の研究が評価されたことを心から喜んだ。

『国際刑事裁判所の研究』国際刑法研究第一一巻（二〇〇九年）は、わが国が二〇〇七年に国際刑事裁判所規程（ＩＣＣ規程、ローマ規程）に加入したことにより、補完性の原則にもとづき、ＩＣＣ（国際刑事裁判所）の管轄犯罪を裁判することが現実化したことにかんがみ、ＩＣＣの管轄犯罪、刑事手続などにつき詳細な論述をしたものであった。

この書は、団藤先生にささげられた。思えば、一九四八年の秋、団藤先生が京大に集中講義に来られたことがご縁となって、私は、翌年四月、大阪刑務所で志願囚の経験をし、大学卒業後、学究の道を歩むこととなった。団藤先生は、一九八〇年に矯正協会から刊行された拙著『若き志願囚』に心温まる「はしがき」を書いてくださった（本書一四〇頁以下）。

国際的に令名の高い団藤先生は、学術の国際交流の分野でも大きな働きをされた。先生は永らく国際社会防衛学会の理事をしておられたのであるが、最高裁判所判事に就任されたのに伴ってこの理事の職を辞され、名誉理事となられた。私は、一九七一年以降、団藤先生の跡を継いで三〇年余りの間、この国際学会の理事を務めた。

団藤先生は、二〇一二年（平24年）六月五日、九八歳の長寿を全うして帰天された。六月二九日、「トマス・アクィナス団藤重光先生の葬儀ミサと告別式」が、東京麹町の聖イグナチオ教会で多数の人びとの参列のもとに厳粛にとり行われた。先生は、信仰篤い奥様に導かれてカトリックの信仰に入られ、トマス・アクィナス（Thomas Aquinas）（一三世紀の偉大な神学者・哲学者）の霊名で、洗礼を受けられたのであった。私は、団藤先生の温顔を偲びながら、先生の御霊《みたま》が主のもとで安らかにいこわれますようにと祈りつつ、聖歌「主よ　みもとに近づかん」を歌った。――聖堂にしずかにひびくオルガンの音に合わせて。

『国際汚職の防止』国際刑法研究第一三巻（二〇一二年）と『諸外国の汚職防止法制』国際刑法研究第一四巻（二〇一三年）は、海外進出を図るわが国企業が一九七〇年代から国際的に高まった汚職防止運動の波にもまれて、外国できびしい法的制裁を受けている現実に対処するため、国際条約、多国間条約のほか、主要な国の汚職防止法制を叙述した著作である。

『諸外国の汚職防止法制』では、アジア、ヨーロッパおよびその他の地域の主要な一五か国について、当該国の刑法や特別法の規定をできる限り原文について訳出することに努めた。私は、英語、ドイツ語、フランス語、イタリア語、スペイン語およびポルトガル語の条文・文献と取り組んで、一年間、この書の著述に没頭した。渉外法律事務所のみならず、企業の法務部では、類書のない分野における貴重な参考書とされているようである。

近時、わが国の企業は、アジア諸国をはじめとして、中南米諸国やアフリカ諸国にまで進出している。今後、関係企業および渉外法律事務所が手を携えて、情報を交換し合い、この分野における研究を推進することが望まれる。前記の二書がそうした共同研究を導く親石ともなれば、卒寿を迎えた老学者の喜びは、大きい。

思えば、一九七〇年代から本格的に国際刑法の研究を始めた。当初のころは、すでに書いたように未知の大海に船出する思いがあった。私の国際刑法研究シリーズは、第一四巻にまで達した。第一巻を出版したころの心境は、第一二巻『国際刑法の新しい地平』（二〇一一年）の「はしがき」に書いたように、次の俳句に似たものであった。

ふり向かぬ　旅人ひとり　荒野ゆく

最近では、若い研究者の中で国際刑法に関するすぐれた業績を出す人が登場した。それは、うれしいことである。

たそがれて　同行二人　遍路ゆく

9　島国日本からの脱出を！

外国を旅してみると、わが国における国際刑法研究が大きく立ち遅れていることを痛感する。

二〇〇四年九月、中国の北京で開かれた第一七回国際刑法会議に出席した際、中国の多くの大学教授らと知り合うことができた。名刺を出すと、彼らは、日本語で一様に言った。「あなたが、森下先生ですか。私は、国際刑法に関する森下先生の著書を数冊購入して読みました。お眼にかかれてうれしいです」

拙著『国際刑法入門』(一九九三年、悠々社)の中国語訳が、二〇〇四年一月、中国人民公安大学出版社から出版されており、その訳書は、中国のほとんどすべての大学で、「国際刑法」の講義のテキストとして使われている。

北京では、中国政治大学、清華大学、人民公安大学を訪問した。どの大学でも「国際刑法」の講座が開設されていて、専任の教授・助教授が合計数人いる。図書館を訪れると、私の国際刑法研究シリーズが、ずらりと並んでいる。

中国政治大学の院教授と張教授は、ここでも次のように語った。中国では、ここ数年の間に国際刑法の研究、大学における講義の必要性が認識されるに至ったが、良い教科書も学術書もない。森下先生の著作は、中国の学界と実務界の要望を満たすものだ、と。

中国政治大学の張教授は、すでに拙著『犯罪人引渡法の理論』(一九九三年)と『国際刑法の基本問題』(一九九六年)の中国語訳を完成しており、近く中国人民公安大学出版社から刊行されるはこびになっている、と語った。

韓国には、二度、三度訪れ、高麗大学と延世大学で講演をした。両大学とソウル大学の刑法教授ら数人が、私の歓迎会を開いてくださった。その機会に、次の話を伺った。

「韓国の教授は、日本の刑法教科書を読まない。なぜなら、日本の刑法教科書はドイツの学説の受け売りが多いので、ドイツ語の原書を読むにしくはないからです。しかし、国際刑法に関する森下先生の著書は、英語、フランス語、ドイツ語などの文献を整理・分析して書かれているので、私たちにとっては貴重な文献です」

すでにいろいろの機会に論述したところだが、欧米の先進国に比べると、わが国は、犯罪人引渡条約はじめ国際刑事司法協力に関する条約・協定の締結において格段の立ち遅れの状況にある。その結果、――犯罪白書によれば――犯罪人引渡しをはじめ、刑事司法共助に関して著しく少ない件数しか扱われていない。犯罪の国際化が進む現在、このような状況が続くことは、日本の国益を大きく損なうことになる。たとえば、日本国内で犯罪を行い、国外に逃亡している外国人被疑者の数は、二〇一二年末現在、六五四人に及んでいる。

第四部　戦前と戦後の京大事件

第一章　戦前の京大事件

一九三三年（昭8）、「京大事件」または「滝川事件」として知られる事件が、わが国における「学問の自由」「大学の自治」をめぐる大きな政治的・社会的問題となった。

これについては、多くの文献があるが、そのうち主要なものとして次の五書が挙げられる。

佐々木惣一ほか共編『京大事件』（一九三三年、岩波書房）
滝川幸辰『激流』（一九六三年、河出書房新社）
京大創立九十周年記念協力出版会編『京大史記』（一九八八年）
松尾尊兊《たかよし》『滝川事件』（二〇〇五年、岩波書店）
『疾風怒濤　一法律家の生涯――佐伯千仭先生に聞く――』（二〇一一年、成文堂）

事件の発端は、瀧川幸辰《ゆきとき》（以下「滝川」という。）がその前年一〇月、中央大学法学部で行った講演「トルストイの『復活』に現れた刑罰思想」の内容が無政府主義的であるとして、文部省と司法省の内部で問題化されたことにある。

もともと、〝復活〟は、十字架にかけられて処刑されたキリストが三日後に復活したこと（聖書の記述による）をいい、キリスト教信仰の根幹をなすものである。無宗教主義者の滝川がキリスト教思想に関心をもったとは考えられない。滝川がトルストイの小説『復活』の中で注目したのは、その小説に登場する階級社会や官僚主義への批判であった、と思われる。

滝川は、「トルストイの『復活』に現れた刑罰論」を次のように要約している。「犯罪は、犯人その人を介して、社会に科せられる刑罰にほかならない。……刑罰は、社会が犯人に対して犯すところの犯罪、そのもっともおそるべき犯罪である。」（激流一八頁）

滝川はこのトルストイの刑罰観を紹介したというのであるが、その紹介の仕方が、滝川もトルストイと同じ思想をもつ無政府主義者だ、という印象を聴衆に与えるものであったかもしれない。事実、聴衆は、滝川自身も無政府主義者であるかのように受け取ったようである。

これには、滝川の話し振りにも問題があった（松尾・前掲書七七頁）。滝川はトルストイに事寄せて、自分のいだく刑罰観を語ったと思われる。それは、滝川がその『刑法読本』（一九三二年、大畑書店刊）のとびらに写真入りで掲げた評語「刑罰からの犯人解放は犯罪からの人間解放である」につながるものであろう。

『刑法読本』（大畑書店刊）には、次のように記述されている。

「窃盗、強盗等々の非組織的な犯罪から組織的な共産主義の運動に至るまで、数々の犯罪は悉く社会の下積みになって居る無産者によって行われる。逆にいえば犯罪によって損害を蒙る者は、常に有産者だということになる。ここまで来ると、刑法によって防衛される社会と、刑罰によって教育される人の何であるかは、おのずから明らかになる。（中略）彼等（＝受刑者）が復帰すべき場所は、生活難に襲われ、失業者の洪水が漲って居る社会以外の何ものでもないからである。セッカク教育されて監獄を出て見たところで、これではどうすることも出来ない。（中略）教育刑主義の可能な地盤は、監獄で教えられたままに働かざれば食うべからずの真理に従って生き得る社会でなければならない。（中略）教育刑主義の可能な地盤は、監獄で教えられたままに働かざれば食うべからずの真理に従って生き得る社会でなければならない。（中略）故に私はいう。刑罰からの犯人解放は犯罪からの人間解放である　と。」

（あとがき1）　この所論は、そもそも前提において誤っている。なぜなら、白カラー犯罪（white-collar crimes）（汚職犯罪、経済犯罪等が代表的）を行う者の多くは、エリート族であるし、麻薬犯罪、密輸犯罪等を行う者は、営利目的の犯罪者集団であり、また、テロ犯罪を行う者の多くは、政治的、宗教的、人種的主張の実現を目的とするものといわれるからである。滝川は、「数々の犯罪は悉く社会の下積みになって居る無産者によって行われる。」と歯切れよく論じているのであるが、その所論は、犯罪原因の分析を怠り、特定のイデオロギーを基礎とするものと批判される。しかも、「刑罰からの犯人解放」という表現は、犯罪者に対する刑の免除を指すかのごとく受け取られるおそれがある。現に、わが国の刑法学者の中にはその意味に解する者がいる。

（あとがき2）　上記『刑法読本』の引用部分において傍線を引いた箇所は、一九三二年（昭7）に刊行された第一版（大畑書店刊）では伏字、つまり、××××××というふうになっている。官憲による検閲がきびしかった当時のことゆえ、問題と思われる表現を伏字にしたのであろう。それにもかかわらず、『刑法読本』は、『刑法講義』（一九二九年刊行）と共に、一九三三年四月一〇日、発売禁止処分を受けた。

なお、上記の伏字部分は、一九八一年に刊行された『滝川幸辰著作集』全五巻中、第一巻『刑法読本』一四八頁以下では復元されている。

折から台頭しつつあった右翼は、「刑罰からの犯人解放は犯罪からの人間解放である」をモットーとする滝川の思想を「無政府主義者」と断じた。

この講演は、一か月余り後、文部省で問題視されることとなった。

しかし、むしろ問題になったのは、この講演において滝川が「天皇が自分に対して切りつけてきた場合、正当防衛できるか」、すなわち、「天皇に対して正当防衛ができるか」という話をしたことにあるようである。このような問題を公然と講演したことが、右翼および政府当局を大変刺激したようである（1）。その右翼の先鋒は、原理日本社を主宰する蓑田胸喜（一八九四―一九四六年）であった。

もともと、トルストイの『復活』に現れた刑罰思想と天皇に対する正当防衛とは、関連のないものである。それであるのに、なぜ滝川は、関連のない問いを公開の講演で発したのか。それは、「とっぴょうしもないことを挙げるのが好きだった」滝川の性格（2）に」帰せられるであろう。「天皇に対する正当防衛」発言（天皇君発言）は、事件当時、全く表面に出なかった。表面化したら文部大臣の責任まで問われかねないからである。だが、文部省がこれを秘密の責め道具として使ったことは、容易に想像できる（松尾・前掲書一〇〇頁）。

一九三三年四月一〇日、内務省は、滝川の著書『刑法講義』と『刑法読本』における内乱罪と姦通罪に関する叙述を理由にして発売禁止処分にした。ついで同年五月、文部大臣鳩山一郎は、京大総長小西重直に対し、滝川の罷免を要求した。京大法学部教授会および小西総長は、文部大臣の要求を拒絶した。これに対し、文部大臣は、同年五月二六日、文官分限令により滝川の休職処分を強行した。

滝川の休職処分と同時に、京大法学部は、教授から副手に至までの全教官が辞表を出して、抗議の意思を示した。この日、法経第一教室では、満場の学生に囲まれながら、教官一人ずつ訣別のあいさつをして退場して行った。小西総長は、辞職に追い込まれた。

同年七月、松井元興が総長に就任するや、事態は、急速に終息に向かった。すなわち、総長は、辞表を提出した教官のうち強硬派と目される滝川、佐々木惣一（憲法）、宮本英雄（英法）、森口繁治（国法学）、末川博（民法）および宮本英修《ひでなが》（刑法）の六教授のみを免官とし、それ以外の者の辞表を却下し、それと並んで、鳩山文部大臣との間で、「滝川の処分は、非常特別なものであり、教授の進退は、文部省に対する総長の具状によるものとする。」という「解決案」を提示した。この解決案にもとづく留任勧告を拒否した田村徳治（行政学）と恒藤恭（法理学）の両教授は、七月二二日、免官になった。

この結果、法学部教授会は、この解決案により要求が達成されたとして辞表を撤回したいわゆる残留組八人とあくまで解決案を拒否した辞職組（いわゆる玉砕組）七人とに分裂した（宮本英修は、年末に復職）。助教授以下の教官一八人中、一三人までが辞意を貫いた。こうして、法学部全教官の約三分の二が、京大を去った（3）。

このようにして辞職した教官のうち、一八人は、立命館大学に教授・助教授などの形で就任した。このうち、六人は、翌年三月、残留組および京大先輩の切なる説得に応じて京大に復職した。復職組と呼ばれる六人は、政治学、商法（二人）、刑法、民法、民事訴訟法という基本科目の担当者であって、いずれも京大再建の中核となる俊英であった。

（あとがき）　刑法の宮本英修教授は、残留の意向であったのに免官された。それは、滝川が「宮本英修は、抜きん出た存在だ。彼を教授にとどまらせると、禍根を残すことになる」旨、総長に進言したせいだ、と言われる（私は、戦後、京大の刑法研究室でこのことを滝川から聞いた）。宮本英修氏は、一九三三年末に、京大教授に復職した。滝川は、宮本英修教授およびその弟子らに対して、敵対心にも似た対抗意識を持ち続けた。

（1）『一法律家の生涯――佐伯千仭先生に聞く――』七〇頁。
（2）注（1）前掲書七〇頁。
（3）松尾・『滝川事件』二四二頁にその一覧表が載っている。

第二章　滝川の京大復帰と独裁的人事

1　滝川の復帰

敗戦後の一九四五年一〇月二二日、ＧＨＱ（連合国軍最高司令部）指令「日本教育制度ニ対スル管理政策ニ関スル件」が発表され、戦時下に追放されていた自由主義的教員の復帰が要求された。その後、鳥養《とりかい》利三郎総長（一一月一日就任）は、文部大臣前田多門と面会し、京大は一九三三年五月二六日以前の状態に復し、その自治を回復する旨を承認する文書を得た。

翌一九四六年一月九日、左京区百万辺にある清風荘（西園寺公望の旧別荘）で鳥養総長、黒田法学部長、竹田省名誉教授（商法）らが集まった会談で、滝川は、京大復帰を承諾した。この会談で竹田名誉教授がまとめた覚書（竹田覚書）には、「復帰は単に講義者として復帰するのではなく、法学部再建の目的のためなるが故に、その当然の帰結として、再建に必要なる限りに於いて制度、人選等につき復帰教授の特別の地位を認め、その決定を尊重する。」という項目（「四」）があった（滝川『激流』二三一頁。）。

二月一六日、滝川は、教授に復帰し、同時に法学部長に就任した。復帰したのは、滝川一人であった。退官組のその他の人たちは、すでに定年に達している人（佐々木惣一）のほか、それぞれの事情によって復帰ができなかったからである。

2　佐伯・大西両教授の追放

一九四六年六月、京大では、GHQの方針にもとづき、各学部に「教職員適格審査委員会」が設けられた。法学部の委員会は、委員長滝川を含めた六人で構成された。

委員会は、佐伯千仭（刑法）と大西芳雄（憲法）の二教授の追放を決定した。追放の理由は明らかでない。委員会では、加藤新平教授（法哲学）が強硬に反対した、と伝えられる。それにもかかわらず、佐伯追放を決定したのは、滝川法学部長その人であった（1）。

佐伯教授は、『刑法に於ける期待可能性の思想』（2）などによって、ドイツ刑法学の水準を上回る偉大な業績を挙げた学者である。その著書や論文において超国家主義や軍国主義のにおいは見られない。刑法学界の一部では、佐伯博士が残留組の宮本英修《ひでなが》教授の弟子であったこと、および復帰組の一人であったことが実質的理由であったのではないか、という感想が表明されている。滝川は残留組と復帰組に対して、激しい悪感情をいだいていたからである（3）。

大西の場合は、著書『国家と法律学』（一九四四年、秋田屋刊）が問題となった。しかし、大西の所論は、狂信的な国体論者の主張を排して、比較法的検討の可能な〝普遍的な概念〟を構築することにあり、それが〝国家の基本秩序〟としての国体概念である、ということのようである（4）。

審査委員会は、佐伯と大西の両教授に弁明の機会を与えず、かつ、追放理由の説明もしなかった。これは、公正な手続の原則に反する。しかも、審査委員会の決議だけで教職追放を決定しており、教授会の決定を経ていないことは、滝川が長年にわたって主張してきた「大学の自治」をみずから蹂躙したものであった（5）。

（1）平場安治「受難の刑法講座」『京大史記』（一九八八年）三四六頁。
（2）この書は、一九四七年と一九四九年に有斐閣から刊行されている。
（3）『一法律家の生涯——佐伯千仭先生に聞く——』一五四頁《滝川先生の横暴》を見よ。
（4）山下健次「大西芳雄」『立命館法学部創立百周年記念誌』（二〇〇〇年、立命館大学法学部）、松尾・滝川事件二七五頁、三〇四頁をみよ。
（5）注（3）前掲書一五〇頁。

3　竹田覚書にいう「特別の地位」

竹田覚書は、滝川に教授会人事における「特別の地位」を認めている。松尾『滝川事件』二六六頁によれば、これは、「人事について教授会過半数の意見と滝川のそれとが対立した場合は、滝川の意見を教授会が尊重せねばならない。つまり極端な表現だが、教授会自治を停止し、滝川独裁を承認したのが、この「竹田覚書」なのである。

ここで、私が直接、滝川から聞いたことを付記しておきたい。それは、前記の刑法研究室で滝川が私たち数人（吉川助手〔のち、法政大學教授〕、森下、桂静子〔のち、木村静子〕、諏訪敏子〔のち、吉川敏子〕に語ったこと（いわゆる滝川談話）である。滝川は、次のように語った。「わたしは、GHQ指令により優先的に復帰すべきことが要求されていた。法学部再建のために法学部長となるのであるから、特別の地位が認められるべきであることを要求したところ、竹田覚書で承認された。ここにいう『特別の地位』というのは、教授会で（わたしを除く）全員が反対しても、わたしの一票が優先することだ。わたしの言うことは、清風荘会合で了承された」と。

このように滝川が熱っぽく語ったことを、私ははっきり覚えている。

さて、この「特別の地位」が具体的に問題となる事態が起こった。それは、一九四七年九月、憲法教授の人選を依頼された佐々木惣一名誉教授が推薦してきた大石義雄・和歌山高商教授の採用人事が教授会に提案されたことに始まる。この提案に対して、発言者（教授会の一部）は、ことごとく反対したらしい。その理由は、松尾名誉教授の著書『滝川事件』二八〇頁に記述されている。が、実の理由は、大石が復帰組の人々に対して、ひどい言葉を書いた侮辱の手紙を送ったことにつき、復帰組の教授が、反感をいだいたことにあるようだ。

滝川は、事務長に指示して（反対派）全員につき休職手続をとらせた。これを知った反対派の教授は、次回の教授会で全員「可」の投票をした。滝川は、反対派教授連の腑甲斐なさに「腰をぬかした」と語っている（6）。また、滝川は、刑法研究室で、「あいつら（反対派の教授）は、根性のない奴じゃ」と私たちに語った。

こうして、滝川は、大学の自治の擁護者から抑圧者へと変貌した（松尾・前掲書二八二頁）。
（6）「滝川幸辰先生に聞く」利谷信義ほか編『法律学と私』（一九八七年、日本評論社）、松尾・前掲書二八〇頁。なお、滝川・激流二四四頁をみよ。

第三章　嵐の京都大学

1　京大天皇事件

一九五一年（昭26）一一月一二日、京大で「天皇事件」と呼ばれる一騒動が起こった。

この日、昭和天皇は、午後一時二〇分、京大の本部時計台前に到着された。天皇到着の前、時計台前には約二千人の学生が集まっていた。正門の外で新聞社がスピーカーで「君が代」を流し始めた時、これに対抗するように、学生の間に反戦歌「平和を守れ」の大合唱が巻き起こった。そのさ中、天皇の車が到着すると、「天皇制廃止」と書かれたプラカードを掲げた学生の一団が、警備線を越えて天皇に近づこうとし、他の学生らも車の周囲に押し寄せる格好になった。天皇は、京大職員らに守られながら大学本部に入られた。

天皇は、京大では、各学部から一人ずつ選ばれた進講者（その中に滝川も含まれている）から、一人五分程度、それぞれの専門の話を聞かれた。約四〇分間の進講が終わると天皇は京大を去られることになっていた。が、学生らが本部玄関に押し寄せているので、天皇は建物から出ることができなかった。

こうなれば、警察官の出動を要請するほかはない。大学側は、大学に来ていた京都市警察の永田圭一本部長（＊）に警察官の出動を要請した。正門前で待機していた警官隊は、本部長の指示に従って大学内に入って、学生らを排除し、天皇一行の帰り道を作った。

＊　この時の京都市警本部長は、私の志願囚のあっせんをし、かつ、留置場と拘置所への志願入所を強く勧めた人である。

京大天皇事件は、政府のみならず、世間一般からきびしい批判を受けた。大学当局は、事件直後の一一月一五日、同学会（京大全学生の自治団体）の解散を命じ、学生委員八人を処分した。

2　荒神橋事件と無期限スト

一九五三年（昭28）六月、京大同学会は再建された。その年の一一月一一日、荒神橋事件が突発した。この事件は、立命館大学における集会に合流しようとした京大学生のデモ隊と警官隊が上京区の荒神橋で衝突。橋の欄干が折れて学生らが鴨川になだれ落ち、一〇名の重傷者が出るという惨事であった。

荒神橋事件の前日、服部峻治郎総長が、健康状態悪化のため任に堪えないとして辞表を提出。一一月二三日、荒神橋での流血事件への抗議運動が展開される中、京大では総長選挙が行われ、滝川が総長に選出された。滝川は、前回の総長選挙では次点であったのだが、〝今回は学生運動の処理に能力のある人物を〟という学内の声が作用したようである。

服部総長は、総長交代までに一連の事態に決着をつけるべく、事件の責任者六名の処分（一名を放学、三名を無期停学、二名を譴責《けんせき》）を行った。これに対し、同学会は、処分理由に不備があるとして処分の撤回を求め、京大全学部の学生が無期限ストに突入した。

滝川は、就任の翌日（一二月一二日）、学生代表を呼んで、次の二条件、すなわち、(1)各学部教授会から要請があれば、評議会で処分の再審査を行う、(2)ストライキを直ちに中止すれば、今回限り処分は行わない、を示してストの中止を勧告した。同学会は、この総長言明を受け入れて、ストを中止した。

処分の再審査は行われなかった。というのは、滝川は、各学部教授会に対し、いったん行った処分を撤回するのはよろしくないとして、「評議会での処分再審査の要請をしないよう」裏で工作したと伝えられる。

嵐を呼んだ全学ストをうまく拾収した滝川は、大学の内外から〝見事な手腕〟、〝やり手だ〟という評価を受けた。

第四章　総長暴行事件

1　事件の発生

一九五五年（昭30）六月、いわゆる総長暴行事件が発生した。

当時、同学会は、六月一八日の大学創立記念祭のため、いろいろな行事を計画した。しかし、前年一一月の「不法集会」問題が尾を引いて、大学当局（学生部）との交渉は難航した。

同学会は、総長との直接会見を申し入れた。六月三日、午後一時から二回目の会見が行われたが、結果は、前回と同様、同学会の行事プランは承認されなかった。滝川は、職員に囲まれながら時計台本館の北側にある法経本館の自分の研究室に戻ろうとした。学生らは、それを押しのけようとする職員との間で押し合いになった。この時、滝川は、学生らに殴られたり、蹴られたりし、肋骨骨折の傷を負った。学生らは、大学当局から「学外に退去せよ」との要求を受けたにもかかわらず、退去しなかった。これが、総長暴行事件である。

事件当日の深夜、警察官は、滝川の供述を録取する調書を作成した。その調書には、「背後から暴行をした者については名前も人物も全く分からない」などと供述している由である（1）。

地元の新聞によれば、滝川は、「暴行をした者の顔は知らないが、人相は覚えている」と言った由である。この新聞記事を読んだ市民の間では、「顔と人相は、どう違うか」が、話の種になった。

（1） 伊藤孝夫『汝の道を歩め　滝川幸辰』二九三頁以下。

翌六月四日、滝川は、ギリシャのアテネで開かれる国際法律家協会のシンポジウムに参加するため、羽田から出発した（七月一六日、帰国）。

六月一一日、三上隆（文学部三回生）が逮捕され、一九日には伊多波《いたば》重義（法学部三回生）が逮捕された。両名は、二八日、（京大職員に対する）暴力行為等処罰法違反、（滝川に対する）傷害および不退去罪で起訴された。

2　二学生にかかる裁判

九月から京都地裁で公判が始まった。弁護団には、能勢《のせ》克男、毛利与一、佐伯千仭、菅原昌人、海野《うんの》晋吉、林逸郎ら錚々たる弁護士一一名が加わったほか、京大法学部の田畑茂二郎教授（国際法）が伊多波の、平場安治《ひらばやすはる》教授（刑法）・宮内裕《ひろし》助教授（刑事学）が両名の特別弁護人となった。

裁判の焦点は、両被告人が滝川に暴行を加えて傷害したか（刑二〇四条）、および不退去罪（刑一三〇条）が成立するか、であった。

公判では、滝川は、検察側証人として出て、「伊多波に右脇腹の少し後のところを殴られた。痛いので後を振り向いたら、伊多波がそこにいたから、同人が殴ったと思う。……そのため、肋骨骨折が生じた」旨、証言した（京都地裁の判決文）。

これに対し、弁護側は、「後を振り向いたら伊多波がいたということは、伊多波が殴ったことにはならない。また、右肋骨の少し後のところを殴られたら肋骨骨折になるという、証明がない」と反論した。また、暴行のあった深夜、警察官が作成した供述調書の内容を指摘して、滝川証言の矛盾を突いた（伊藤・前掲書二九四頁）。

裁判所の判断も、弁護人側の主張と同様であった。また、判決は、三上につき「被告人の判示暴行によって総長に肋骨骨折を生ぜしめたことを認めるべき何等の証拠もない。」と判示した。

結局、京都地裁は、一九五八年（昭33）四月一六日、両被告人につき、職員に対する暴行および総長に対する傷害の点は無罪とし、不退去罪につき罰金（三上に対し一万円。伊多波に対し二千円、執行猶予一年）を言い渡した。京都地裁は、滝川の証言の信用性を否定したのである。滝川は、京大復帰前、刑事専門の弁護士をしていたので、「疑わしきは罰せず」（In dubio pro reo.）の法格言を熟知しているはずであるのに、被害者の立場に置かれると、応報的な感情にかられたようである。

控訴審である大阪高裁は、四年半の審理を経て、一九六二年（昭37）一〇月一七日、両名につき不退去罪の点を無罪とし、三上につき総長に対する暴行の点で罰金三千円（執行猶予一年）を言い渡した（判例時報三四三号六四頁）。判決は確定した。

（あとがき）　伊多波は、大学院に進み、司法試験を受けて合格。現在、大阪で被害者救済等のために活躍している。

（1）弁護人らは、「滝川は、元来感情的で、その場その場で都合のよい発言をする人物だ」と評している。

第五章　第二の京大事件（未遂）

1　特別弁護人の問題

総長暴行事件の裁判で注目を集めたのは、京大法学部の教官である平場《ひらば》安治教授（刑法）、宮内裕《ひろし》助教授（刑事学）と田畑茂二郎教授（国際法）の三名が特別弁護人となったことである。平場教授と宮内助教授は刑事法の専門家として、また、田畑教授は、伊多波被告が国際法のゼミナール生であるとの立場から彼の将来のためにあえて特別弁護人となった。

滝川は、三教官が特別弁護人になったことにつき、ひどい不快感を示した。その理由は、(1)公務員たる者が所属機関の長に断わりなく特別弁護を行うのは、問題だ、(2)学内での懲戒処分に賛成しておきながら、刑事弁護をするのは矛盾している。あくまでこの事件の弁護をしようというのなら、京大を去るのが当然だ、というのである。そして、九月一四日には、「教育公務員特例法によれば、教員の免職は評議会決定によってできる」と発言した（産経新聞一九五五年九月一五日）。

滝川は、『瀧川幸辰　文と人』（一九六三年、世界思想社）に収められた随筆「嘘と上手はいわない」において、次のように書いている（二九八頁）。

「……総長時代に学生の暴行事件につき裁判所から証人に呼ばれて証言したとき、私の証言が信用できない、という証拠をあげようと努力した弁護団に対しては腹が立った。私の証言が信用できないということを立証するため、私の旧同僚である友人を証人に申請して、私の証言の真実性を破ろうとした。友人は「滝川のいうとおりだ」と証言した。それみろ、と溜飲がさがる思いがしたことはいうまでもない。その時京都大学の教官、しかも私の推薦によって教官になった二人の男がわざわざ弁護団に加わって特別弁護人を買って出た。総長が嘘つきだと主張する弁護団に参加する以上は、そんな嘘つき総長のもとで教官をつとめていることがおかしい。教官を辞職してから弁護人になるか、教官の地位を去るのがいやなら特別弁護人をを引受けるべきでないと私は思ったので、新聞記者団に意見を聞かれたとき、その趣旨を話し、各新聞には私の談としてそのとおり載っている。……私が頑固であるか、彼等が卑劣であるか、識者の間ではすでに結論が出ている。」

これは、実に感情的な所論である。その主たる理由は、次のとおりである。

⑴　友人の証言　滝川のいう「旧同僚である友人」とはだれかが明らかでないが、第一審判決文を読んだ限りでは、どの証人が「滝川のいうとおりだ」と証言したという判示は見当たらない。

(2)「私の推薦によって教官になった二人の男」

二人の男とは、平場教授と宮内助教授を指すと解される。だが、平場教授は、宮本英修教授（刑法）が推薦して一九四〇年に助手として採用され、その後、軍務に就き、戦後に復員。滝川が推薦して京大教官となったのは、宮内助教授（立命館大学卒）（後年、ドイツ留学中に死亡）である。

(3)「私（滝川）の証言が正しいということになった」

第一審判決は、被告人伊多波については、「滝川証人の当公廷での右供述のみをもってたやすく被告人伊多波の暴行を認定することはできない。」と判示し、さらに、「被告人三上については、「同被告人の判示暴行により総長に肋骨骨折を生ぜしめたことを認めるべき何等の証拠がない。」と判示している。

そして第二審判決は、「滝川証人の本件に関する記憶は、被告人両名が本事件の首謀者であるとの先入観に基いて」おり、「同証人の証言と客観的事実との一致については大いに疑問がある。」と判示し、三上の傷害行為をも否認した。

2　教育者でなかった滝川

このような次第で、歴史家が指摘するとおり、「滝川の主張は間違っている」（松尾・前掲書二九二頁）。滝川は、その随筆において、「私は生きている限りそうした人物（前記の二教官）に対し憤慨の気持を忘れない」と書いている（『滝川幸辰　文と人』一九六三年、二九八頁）。そのように、滝川は、応報感情の強い人であった。ここで注目されるのは、田畑教授については報復の鉾先は向けられていないことである。

個人的感情に走ったと見られる滝川の行動に対して、世間は、きびしい批判をした。大学で懲戒処分にした二学生につき、刑事責任までも追及しようとするのは酷ではないか、というのである。

滝川は、師と尊敬する佐々木惣一先生に帰国のあいさつ訪問をしたとき、「私は教育者ではありません」と言った、と伝えられる（松尾二八五頁、『滝川幸辰　文と人』三三六頁）。滝川は、著書『刑法学周辺』（一九四七年）では、「大学は学問の研究と教育を目的とする社会である」と言いながら（一七一頁）、その後、著書『激流』（一九六三年）において、「私は研究者のつもりです。教育者にはなれません」と書いている（二五八頁）。このように言いながら、滝川は、特別弁護人となった二教官については、「いくら学問ができるとしても、学生の人格の陶冶の任にある大学教授としては資格がない」と書いている（『滝川幸辰　文と人』二九八頁）。

学校教育法によれば、大学では研究と教育は不可分一体のものとされている（八三条　九二条）。しかるに、滝川は、他の教官に対しては「学生の人格の陶冶の任にある」と言いながら、「私は教育者にはなれません」と言っている。

3　未遂にとどまった第二の京大事件

滝川は、平場・宮内二教官に対する激しい報復感情にかられて、二教官の免職を企図した。滝川が免職処分の根拠としたのは、教育公務員法六条である。同条によれば、教官の免職については「大学管理機関（この場合には、第二五条第三項により「評議会」を指す。）の審査の結果による」こととされている。滝川は、この規定を金科玉条として、「教官を免職するときは、教授会にはなんの権限もない。だから教授会がもし特定の教授免職に反対したにもかかわらず、大学評議会が免職決議をしたときは、その教授会全員の責任となる」と主張した（松尾二八七頁）。ここで「教授会全員の責任となる」というのは、教授会全員を免職させることができる、という意味であろう。

だが、教官の免職の場合にも教授会の決議を必要とするというのが、沢柳事件（一九一四年）以来、京大では確定の慣習法となっている。この慣習法にもとづき「学問の自由」を守ることこそ、一九三三年（昭8）の京大事件の旗印であった。

しかるに、滝川は、自分がこの京大事件の嵐の中心人物であったことを忘れたのか、報復感情にかられて、教育公務員法六条にもとづき、特別弁護人である平場・宮内の二教官を免職する旨、法学部教授会に通告してきたようである（すでに田畑教授は、一九五七年（昭32）八月末、特別弁護人を辞任していた）。

この通告を受けて、法学部教授会は、「特別弁護人の地位と大学教官の地位とは両立しないものではない。仮に、総長が法学部教授会の議を経ることなく、平場教授および宮内助教授を免職するのであれば、教授会全員は、これに抗議して辞職する」との決議をした。そして、長老教授である大隅健一郎教授（商法。のち、最高裁判事）が平場・宮内両教官の研究室にやって来て、教授会の決議を伝えたうえ、「これ以上、教授会にめいわくを掛けないようにしてくれ」と言ったそうである。両教官は、大隅教授から教授会決議のことを聞き、特別弁護人を辞任することとし、九月一三日、裁判所に辞任届を提出した。

私は、後日、このことを平場教授から直接聞いた。公判支持者たちは、三教官の特別弁護人辞任には不当な学内の圧力が加わったのではないか、と問いただしたが、当事者の平場教授らは、黙したままで、真相は不明のままであった（伊藤・前掲書二九三頁）。あれから半世紀以上が経過して、いま真相が明らかになった。当時の関係者は、みな他界しておられる。

京大の法学部教授会が沢柳事件で戦い取った「学部の自治」「大学の自治」を守るために毅然とした態度をとったことは、賞賛に値する。

このようにして、第二の京大事件と称されるべき事件は、いわば未遂に終わった。仮に、評議会で三教官の罷免を行ったとすれば、それこそ「第二の京大事件」となり、京大を追われるのは、滝川総長であったであろう（松尾・前掲書二九三頁）。そうなれば、追われた滝川は「大学の自治」の抑圧者というレッテルを貼られて、汚名を後世にまで残すことになったであろう。

第二の京大事件が未遂に終わったことは、京大にとっても滝川にとっても幸いなことであった。とはいえ、一九三三年の京大事件では大学の自治擁護のために戦った滝川が、総長に就任して以降、なぜ大学の自治の抑圧者へと変貌（松尾・前掲書二八二頁）したのか、という疑問が湧いてくる。それは、歴史学者（松尾京大名誉教授）の冷徹な眼に写ったところによれば、滝川の「変節」としか言いようがない（松尾・前掲書二九三頁）。

4　滝川幸辰の座右の銘

滝川幸辰の人となりについては、さまざまな人物評がある。たとえば、「直情径行」という言葉は、滝川にふさわしい（末川博、宮本英雄）。滝川は、「お坊ちゃん」の愛称をもっていた。滝川は、坊やのままで大きくなられたようである。毒舌を吐く（平沢興、元京大総長）。話好きで、自分の思うことを率直に語る（南原繁、元東大総長）などが、それである。滝川は、人を批評する際に、「○○は、卑劣だ」という言葉をしばしば用いた（著書にも記述されている）。

滝川は、徹底した合理主義者であって、無神論者であった。これは、多くの人が、一致して言うところである。かつて、私は、京大の刑法研究室で、滝川が「茶道のお手前などしち面倒くさいことはやめたらよい。茶を点《た》てるのは、機械にさせればよい」と語るのを聞いたことがある。

ところで、滝川は詩聖ダンテが『神曲』の中で言ったという、「汝の道を歩め　人々をして語るに任せよ」を座右の銘にした、といわれる（伊藤孝夫『汝の道を歩め　滝川幸辰』二九八頁）。滝川の著書『刑法学周辺』（一九四九年、玄林書房）には、「京都大学の刑法講座」の項目（一九四七年一一月執筆）において、「汝の道を歩め、人々をして語るにまかせよ。」これが私の信条である、と書かれている（一九三頁）。

この言葉を滝川が色紙に筆で書いたものが、『滝川幸辰　文と人』（一九六三年、滝川幸辰先生記念会）の冒頭に写真入りで載っている。同じものが、伊藤孝夫（京大教授）の著『汝の道を歩め　滝川幸辰』にも、写真入りで載っている（二九九頁）。伊藤は、滝川の生き方に共鳴し、尊敬の念から、書名に「汝の道を歩め」を枕言葉のように付けたようである。

果たして、ダンテ（Dante Alighieri, 1265—1321）は、「汝の道を歩め　人々をして語るに任せよ」と言ったのか。どの書の、どの箇所で、（イタリア語で）どのように言ったのか。

私はこのような疑問をいだいた。そこで、この疑問を解くべく、ダンテの不朽の名作『神曲』の日本語訳（寿岳文章訳、集英社文庫）を読んだ。「地獄篇」「煉獄篇」「天国篇」をくり返し、三回読んだ。しかし、どこにもそのような言葉は、見当たらない。それではとて、『神曲』（La Divina Commedia）の地獄篇（Inferno）、煉獄篇（Purgatorio）、天国篇（Paradiso）を三回、イタリア語の原文で読んだ。しかし、どこにもそのような文言は見当たらない。ただ、それに近いものとしては、煉獄篇第五歌に、「わたしに従え、あのやからは、語るに任せよ」（寿岳訳）がある。滝川が座右の銘とするのは、それだろうか。それとも、ダンテは『神曲』以外の著作で「汝の道を歩め」と言ったのか。

疑問をいだいて、インターネットで検索すると、マルクスの『資本論』序文の最後に、マルクスが「汝の道を歩め」をダンテの言葉だとして援用している旨、出て来た。

図書館に行って『資本論』(Das Kapital) の序文を見ると、マルクスが引用した（実は、焼き直しをした）イタリア語の一文、‘Segui il tuo corso.’（あなたの道を進みなさい）が、ダンテの言葉として載っている（ダンテは、このような表現を用いていない）。

だが、マルクスが焼き直したイタリア語の文言は、「汝の道を歩め」とは、ニュアンスが異なる。マルクスは、イタリア語を学んでいなかったのでないか。なぜ、焼き直しをしたのか。

このような疑問をいだいて、私は、旧知のイタリア語学者、西村暢夫氏（小学館の伊和中事典の編者）に、事情を述べて、お知恵拝借の相談をした。西村氏は、〝ダンテ学者〟として令名の高い藤谷道夫教授（慶應義塾大学）に問い合わせてくださった。一か月以上も経ったころ、藤谷教授から小論文といえるほどの詳細なお返事があった。

それによると、煉獄篇第五歌は、次のとおり――。

Vien dietro a me, e lascia dir le genti !

（私にしっかりついて来い。（彼らには）勝手に言わせておくがいい。）（藤谷訳）

ここで「私」というのは、ダンテの師ヴェルギリウス（Verguilius）〔ヴィルジリオ　Virgilio〕であり、「彼ら」（le genti）とは、「一般の人」ではなく、「生前、物ぐさだった怠惰者の魂」を指しています。ダンテの著作の中には、「汝の道を歩め」という表現は出てきません。「汝の道を歩め」というのは、ダンテの考えとは合わない考えです。人は善き案内者に従ってのみ目的地に到達できる、とダンテは考えているからです。「汝の道を歩め」は、独りよがりの道です。――

さすがは、ダンテ学者！　と私は、藤谷教授の説に敬服した。そして、なぜ、マルクスと滝川は、ダンテの言葉を勝手に焼き直して、偉ぶったのか、と別の疑問をいだいた。

マルクスがイタリア語を学んでいたかどうかは知らないが、彼がいう 'Segui il tuo corso' にあっては、'tuo' に注目すべきである。'tuo' は 'tu'（君、あなた）の所有格である。'tu' は、イタリア語、フランス語、スペイン語でも全く同じであるが、ごく親しい間柄の人、すなわち、家族、恋人、親友、小さい子ども同士の間で用いられる二人称である（ドイツ語では 'du' が、これに当たる。なお、英語では、このような区別はない）。

マルクスは、――ダンテの言葉を勝手に焼き直しているが――「あなたの道を進みなさい」と言ったのである。その言葉と「汝の道を歩め」とは、大いにニュアンスを異にする。

日本語で「汝」という呼びかけは、偉い人が目下の者に言うときに用いられる。思い出すのは、軍人勅諭の冒頭にある「朕《ちん》は汝等《ら》軍人の大元師なるぞ」である。また、終戦を告げるいわゆる玉音放送には、「朕、……爾臣民《なんじしんみん》に告ぐ」という文言がある。

滝川は、イタリア語を学んでいなかったようであり、ダンテの『神曲』を読んでいなかったとも推察される。マルクスが『資本論』序文の最後にダンテの言葉だとして掲げている上記の表現の意味さえも、誤解している。こうして、滝川の「座右の銘」は、その出所において全く根拠なきものである。

聖書をひもとくと、キリストが弟子たちに「わたしについて来なさい」と言っている場面に何回も出会う（マルコ福音書一の17、ルカ福音書一八の22、ヨハネ福音書二一の19）。煉獄篇の第五歌は、ダンテが師ヴィルジリオに従って第二台地に登る途上、未告解者（まだ罪の告白をしていない者）の一群に遭ったときの物語である。険しい山道を先に行くヴィルジリオは、ダンテに「わたしについて来なさい。あの連中には言わせておけばよい」と言ったのである。恐らくダンテは、聖書の言葉を十分理解した上で、「わたしについて来なさい」という師ヴィルジリオの言葉を『神曲』煉獄篇に用いたのであろう。しかるに、滝川は、ダンテの深い思想を理解しないでいて、「汝の道を歩め」という言葉を創作し、それが詩聖ダンテに由来する、自分の「座右の銘」であるとして、それに権威を与えようとしたようである。

辞書によれば、「座右の銘」とは、つねに自分の心に留めておいて、戒めや励ましとする言葉である。それゆえ、他人に向かって訓示のように示す言葉ではない。最近、『人生に座右の銘はいらない』という本が出版されている（二〇一三年）。その本に同調するのではないが、私は、次のように考える。座右の銘は、自らの人生体験を通じて、つねに自分の戒めや励ましとする言葉でなければ、意義をもちえない。

年　譜

略　歴

一九二四年（大正13）一月一日　鳥取県岩美郡本庄村字本庄に生まれる（出生届による）
一九三六年（昭11）三月　神戸市立湊山小学校卒業
一九四一年（昭16）三月　神戸市立第一神港商業学校卒業
一九四三年（昭18）九月　兵庫県立神戸高等商業学校卒業（繰り上げ卒業）
一九四七年（昭22）四月　京都大学法学部入学
一九五〇年（昭25）三月　京都大学法学部卒業
同　年　四月　京都大学法学部大学院入学
一九五四年（昭29）三月　右大学院退学
一九六二年（昭37）三月　法学博士の学位を授与される（大学令による。京都大学）
二〇一一年一一月　勲三等旭日中綬章受章
現　在　広島大学名誉教授、岡山大学名誉教授

職　歴

一九五二年（昭27）四月　岡山大学法文学部助手
一九五四年（昭29）四月　岡山大学法文学部（専任）講師
一九五六年（昭31）四月　岡山大学法文学部助教授
一九六四年（昭39）八月　文部省在外研究員としてパリ大学に留学（一九六六年三月まで）
一九六五年（昭40）八月　岡山大学法文学部教授
一九七六年（昭51）一一月　広島大学政経学部教授（配置換）
一九七七年（昭52）五月　広島大学法学部教授（学部配置による）
一九七七年（昭52）五月　広島大学大学院法学研究科、刑法及び刑事訴訟法担当
一九八六年（昭61）四月　広島大学大学院社会科学研究科、刑事関係法担当
一九八七年（昭62）三月　広島大学を停年退職
同　年　四月　駿河台大学教授
一九九四年（平成6）三月　駿河台大学を定年退職

学会及び社会における活動

一九六四年（昭39）八月　第九回国際刑法会議（オランダのハーグ）に出席
一九六五年（昭40）九月　第三回犯罪防止及び犯罪者の処遇に関する国連会議（スウェーデンのスットクホルム）に出席
一九六七年（昭42）　国際社会防衛学会（Société internationale de défense sociale）理事
　二〇〇二年以降、名誉理事
一九七〇年（昭45）　フランス刑法雑誌（Revue de science criminelle et de droit pénal comparé）の外国通信員
一九七〇年（昭45）七月　法制審議会少年法部会幹事（一九七四年〔昭49〕七月まで）
一九七〇年（昭45）八月　第四回犯罪防止及び犯罪者の処遇に関する国連会議（京都）に出席
一九七一年（昭46）一〇月　第八回国際社会防衛会議（パリ）に日本学術会議から派遣
一九七二年（昭47）六月　司法試験（第二次試験）考査委員（刑事政策、のち刑法）（一九七七年〔昭52〕一二月まで）
一九七三年（昭48）　国際社会防衛学会誌（Cahiers de défense sociale）の編集委員

一九七四年〔昭49〕七月　法制審議会少年法部会委員（一九八九年〔平成元〕三月まで）
一九七五年〔昭50〕　フランス刑事政策雑誌（Revue de politique criminelle）の外国通信員
一九七六年〔昭51〕　日本刑法学会理事（一九七八年まで）
一九七六年〔昭51〕八月　第九回国際社会防衛会議（ヴェネズエラのカラカス）に文部省から派遣
一九七七年〔昭52〕四月　矯正保護審議会委員（一九八七年〔昭62〕一一月まで）
一九七九年〔昭54〕九月　第一二回国際刑法会議（西ドイツのハンブルグ）に出席
一九八〇年〔昭55〕　日仏法学会理事
一九八一年〔昭56〕九月　第一〇回国際社会防衛会議（ギリシャのテサロニケ）に文部省から派遣され、総会議長をつとめる
一九八一年〔昭56〕一〇月　日本学術振興会から学術交流研究者として一か月間、フランス国立比較法研究所に派遣
一九八四年〔昭59〕　日本犯罪学会理事
一九八四年〔昭59〕一月　司法試験考査委員（刑事政策）（一九九〇年〔平2〕一二月まで）
一九八五年〔昭60〕一〇月　日本学術振興会から学術交流研究者として一か月間、フランス国

立比較法研究所に派遣

一九八六年（昭61）一〇月　第一一回国際社会防衛会議（アルゼンチンのブエノス・アイレス）に出席し、総会副議長をつとめる

一九八六年（昭61）一一月　国際麻薬救援協会（Association SOS Drogue International）の学術顧問

一九九一年（平3）一〇月　第一二回国際社会防衛会議（パリ）に出席し、総会議長をつとめる

一九九四年（平6）一〇月　国際麻薬救援協会主催の麻薬中毒及びエイズに関する国際会議（パリのユネスコ本部）に出席

一九九五年（平7）一一月　第四回ＡＣＰＦ（アジア刑政財団）世界大会（タイのバンコク）に出席

一九九六年（平8）一一月　第一三回国際社会防衛会議（イタリアのレッチェ）に出席

一九九八年（平10）一月　第八回ＩＰＰＦ（国際刑法及び刑務財団）研究集会（東京）に出席

二〇〇〇年（平12）一〇月　第八回ＡＣＰＦ（アジア刑政財団）世界大会（中国の北京）に出席

二〇〇二年（平14）五月　第一四回国際社会防衛会議（ポルトガルのリスボン）に出席

二〇〇三年（平15）九月　第一七回国際刑法会議（中国の北京）に出席

業績目録

主要著書

一九五〇年（昭25）　若き志願囚　京都市治安協会連合会
一九六〇年（昭35）　緊急避難の研究（日本刑法学会選書）　有斐閣
一九六二年（昭37）　緊急避難の比較法的考察　有信堂
一九六四年（昭39）　刑法改正と刑事政策　一粒社
一九六八年（昭43）　刑事政策の新展開　有信堂
一九七五年（昭50）　自動車事故の刑事責任　有信堂
一九七九年（昭54）　国際刑法の新動向
　（国際刑法研究第一巻）　成文堂
一九八〇年（昭55）　若き志願囚　（財）矯正協会
一九八一年（昭56）　国際刑事司法共助の研究
　（国際刑法研究第二巻）　成文堂

一九八三年（昭58）　国際刑事司法共助の理論（国際刑法研究第三巻）　成文堂

一九八五年（昭60）　国際刑法の潮流（国際刑法研究第四巻）　成文堂

刑事政策大綱Ⅰ、Ⅱ　成文堂

イタリア刑法研究序説（広島大学法学叢書）　法律文化社

一九八八年（昭63）　犯罪者処遇論の課題　成文堂

一九八九年（平元）　刑事政策各論　成文堂

一九九〇年（平2）　刑事司法の国際化（国際刑法研究第五巻）　成文堂

一九九三年（平5）　犯罪人引渡法の理論（国際刑法研究第六巻）　成文堂

刑法総論　悠々社

国際刑法入門　悠々社

一九九六年（平8）　国際刑法の基本問題　成文堂

二〇〇四年（平16） 犯罪人引渡法の研究（国際刑法研究第七巻） 成文堂
二〇〇五年（平17） 刑法適用法の理論（国際刑法研究第八巻） 成文堂
二〇〇七年（平19） 国際刑法学の課題（国際刑法研究第九巻） 成文堂
二〇〇九年（平21） 国際刑事裁判所の研究（国際刑法研究第一〇巻） 成文堂
二〇一一年（平23） 国際刑法の新しい地平（国際刑法研究第一一巻） 成文堂
若き志願囚（復刻版） 酒井書店
二〇一二年（平24） 国際汚職の防止（国際刑法研究第一三巻） 成文堂
二〇一三年（平25） 諸外国の汚職防止法制（国際刑法研究第一四巻） 成文堂

翻訳書

一九五六年（昭31）　フランス刑法典（法務資料三四三号）　法務省

一九六四年（昭39）　スペイン刑法典（法務資料三八四号）　法務省

一九六六年（昭41）　フランス刑法典（法務資料三九四号）　法務省

一九六八年（昭43）　一九六六年イタリア行刑法案　法務省
（監獄法改正資料一号）

一九七一年（昭46）　一九五八年フランス行刑法　法務省
（監獄法改正資料七号）

一九六八年ベルギー少年保護法　法務省
（少年法改正資料七号）

フランス少年法　法務省
（少年法改正資料八号）

一九七七年（昭52）　一九七五年イタリア行刑法　法務省
（監獄法改正資料二二号）

フランス刑法典（法務資料四三一号）　法務省

一九八〇年（昭55）　イタリア刑法典（法務資料四三二号）　法務省
　　　　　　　　　　グラマティカ著『社会防衛原理』（編訳）　成文堂
一九八二年（昭57）　イタリア行刑及び保安処分執行法（監獄法改正資料二七号）　法務省

ある刑法学者の旅路

2014年3月10日　初版第1刷発行

著　者　森　下　　忠
発行者　阿　部　耕　一

〒162-0041　東京都新宿区早稲田鶴巻町514
発行所　株式会社　成　文　堂
電話 03(3203)9201(代)　FAX 03(3203)9206
http://www.seibundoh.co.jp

製版・印刷　シナノ印刷　　製本　佐抜製本
☆乱丁・落丁本はおとりかえいたします☆

ISBN978-4-7923-7098-5　C1095　検印省略

定価（本体3200円＋税）